重庆市生活垃圾管理条例

释 义

谢礼国 主编

西南大学出版社

图书在版编目(CIP)数据

重庆市生活垃圾管理条例释义 / 谢礼国主编. —— 重庆：西南大学出版社，2023.5
ISBN 978-7-5697-1807-2

Ⅰ.①重… Ⅱ.①谢… Ⅲ.①生活废物—垃圾处理—条例—法律解释—重庆 Ⅳ.①D927.719.026.805

中国国家版本馆CIP数据核字(2023)第049673号

重庆市生活垃圾管理条例释义
CHONGQING SHI SHENGHUO LAJI GUANLI TIAOLI SHIYI

谢礼国　主编

责任编辑：段小佳
责任校对：王玉竹
装帧设计：观止堂_未氓
排　　版：吴秀琴
出版发行：西南大学出版社（原西南师范大学出版社）
　　　　　　网　　址：http://www.xdcbs.com
　　　　　　地　　址：重庆市北碚区天生路2号
　　　　　　邮　　编：400715
　　　　　　电　　话：023-68868624
　　　　　　经　　销：全国新华书店
印　　刷：重庆友源印务有限公司
幅面尺寸：170 mm×230 mm
印　　张：11.75
字　　数：130千字
版　　次：2023年5月　第1版
印　　次：2023年5月　第1次印刷
书　　号：ISBN 978-7-5697-1807-2
定　　价：38.00元

编委会

主　　任：谢礼国
副 主 任：成肇兴　张建华　卢鹏飞　李德全
　　　　　张淑钰　雷旭东　石继渝
成　　员：游连生　舒亮伟　黄　建　戴　欣

主　　编：谢礼国
副 主 编：卢鹏飞
参编人员：关黎明　周　辉　易宏志　彭道愔翰
　　　　　胡堂胜　樊崇玲　屈靖雅　孙红艳

前　言

2021年11月25日,《重庆市生活垃圾管理条例》(以下简称《条例》)经重庆市第五届人民代表大会常务委员会第二十九次会议审议通过,于2022年3月1日起施行。

生活垃圾分类关系人民群众日常生活,对于推动生态文明建设、提升社会文明程度、创新基层社会治理都有着重要意义。《条例》包括总则,规划与建设,源头减量,分类投放,清扫、收集、运输和处理,资源化利用,监督管理,法律责任和附则,共九章六十九条。

《条例》的颁布施行,是重庆市贯彻落实习近平生态文明思想,开展地方立法工作的新成果,是加强市容环境卫生管理,提升城市品质的重要法治保障,也是深入推进依法治市进程的重大制度举措。《条例》的颁布施行,是全市生态文明建设的一件大事,标志着重庆市生活垃圾管理工作逐步进入规范化、制度化、法治化的轨道,将为进一步提升城市居民生活和工作环境,推进近悦远来、山水之城美丽之地建设,进一步强化生态环境保护提供有力的法律制度保障。《条例》的颁布施行,对于进一步提高重庆市生活垃圾管理法治化、科学化水平,落实主体责任,推动群众习惯养成,加快分类设施建设,完善配套支持政策,构建以法治为基础、政府推动、全民参与、城乡统筹、因地制宜的垃圾分类长效机制,加强全链条管理起到积极推动作用。《条例》为规范全市生活垃圾管理进行了科学的制度设计,作出了强制性规定,为全市逐步实现生活垃圾减量化、资源化和无害化提供了法律支撑和法治保障。

为便于广大市民特别是生活垃圾管理从业者、研究者、爱好者快速准确把握《条例》的原意，我们组织行业专业人士编写释义，对每一条法律条文进行精准解读，确保条文释义始终紧跟法治进程，反映重庆市最新立法动态，体现条文本义内涵，便于读者精准掌握立法意图，轻松理解条文内容。

在编辑过程中，得到重庆市人大环境与资源保护委员会、重庆市人大常委会法制工作委员会、重庆市司法局的大力支持，一并表示感谢。由于时间仓促、水平有限，书中难免有错谬疏漏等不足之处，敬请批评指正。

编者
2023年5月

目 录

第一章 总 则 …………………………………… 001
第一条 …………………………………… 001
　　一、《条例》立法目的 …………………………………001
　　二、《条例》立法意义 …………………………………001
　　三、《条例》立法主要依据 ……………………………003
第二条 …………………………………… 003
　　一、关于本《条例》的适用范围 ………………………004
　　二、关于生活垃圾的定义 ………………………………004
　　三、关于重庆市生活垃圾的分类 ………………………005
第三条 …………………………………… 007
　　一、生活垃圾管理原则的规定 …………………………008
　　二、生活垃圾管理目标的规定 …………………………008
第四条 …………………………………… 010
第五条 …………………………………… 011
第六条 …………………………………… 013
第七条 …………………………………… 014
第八条 …………………………………… 015
第九条 …………………………………… 016
第十条 …………………………………… 018
第十一条 …………………………………… 019
第十二条 …………………………………… 021

第二章　规则与建设 ………………………………………………023

第十三条 …………………………………………………………… 023
一、关于"生活垃圾处置专项规划"的概念 …………………………024
二、生活垃圾处置专项规划编制主体与内容 ………………………024
三、生活垃圾处置专项规划编制报批程序 …………………………024

第十四条 …………………………………………………………… 025

第十五条 …………………………………………………………… 026
一、配套建设生活垃圾分类收集设施的标准规范 …………………026
二、实施"三同时"制度的重要性 ……………………………………027
三、农村地区配套建设生活垃圾分类收集设施的要求 ……………027

第十六条 …………………………………………………………… 027

第十七条 …………………………………………………………… 028
一、关闭、占用、闲置或者拆除生活垃圾收运处理设施的程序 ……028
二、生活垃圾填埋场停用封场相关规定 ……………………………029

第三章　源头减量 …………………………………………………030

第十八条 …………………………………………………………… 030

第十九条 …………………………………………………………… 030

第二十条 …………………………………………………………… 032

第二十一条 ………………………………………………………… 033

第二十二条 ………………………………………………………… 034

第二十三条 ………………………………………………………… 037

第二十四条 ………………………………………………………… 038

第四章　分类投放 …………………………………………………040

第二十五条 ………………………………………………………… 040

第二十六条 ………………………………………………………… 041

第二十七条 ………………………………………………………… 042

第二十八条 ·· 044
　　第二十九条 ·· 046
　　第三十条 ·· 047

第五章　清扫、收集、运输和处理 ·································· 048
　　第三十一条 ·· 048
　　　　一、生活垃圾经营性清扫、收集、运输、处理服务行政许可办理流程 ··· 048
　　　　二、申请生活垃圾经营性清扫、收集、运输服务行政许可需提交的材料
　　　　　 ·· 049
　　　　三、申请生活垃圾经营性处置服务行政许可需提交的材料 ········ 049
　　第三十二条 ·· 050
　　　　一、清扫保洁责任分工与划分原则 ··························· 050
　　　　二、清扫保洁相关标准规范 ································· 050
　　第三十三条 ·· 051
　　第三十四条 ·· 051
　　第三十五条 ·· 052
　　第三十六条 ·· 054
　　第三十七条 ·· 055
　　第三十八条 ·· 057
　　第三十九条 ·· 058
　　　　一、保障城市运行安全 ····································· 058
　　　　二、生活垃圾应急预案编制内容 ····························· 058
　　第四十条 ·· 059

第六章　资源化利用 ··· 061
　　第四十一条 ·· 061
　　第四十二条 ·· 062
　　第四十三条 ·· 063

第四十四条 ······ 065
第四十五条 ······ 066
第四十六条 ······ 067
第四十七条 ······ 068

第七章 监督管理 ······ 070

第四十八条 ······ 070
第四十九条 ······ 071
第五十条 ······ 072
第五十一条 ······ 073
第五十二条 ······ 073
第五十三条 ······ 075
第五十四条 ······ 076
第五十五条 ······ 077

第八章 法律责任 ······ 080

第五十六条 ······ 080
第五十七条 ······ 081
　一、关于本违法行为的主体 ······ 081
　二、关于本违法行为的构成 ······ 081
　三、关于本违法行为的处罚 ······ 081
第五十八条 ······ 082
　一、关于本违法行为的主体 ······ 083
　二、关于本违法行为的构成 ······ 083
　三、关于本违法行为的处罚 ······ 083
第五十九条 ······ 083
　一、关于本违法行为的主体 ······ 084

二、关于本违法行为的构成 ……………………………………084
　　三、关于本违法行为的处罚 ……………………………………085

第六十条 …………………………………………………… 085
　　一、关于本违法行为的主体 ……………………………………085
　　二、关于本违法行为的构成 ……………………………………086
　　三、关于本违法行为的处罚 ……………………………………086

第六十一条 ………………………………………………… 086
　　一、关于本违法行为的主体 ……………………………………087
　　二、关于本违法行为的构成 ……………………………………087
　　三、关于本违法行为的处罚 ……………………………………087

第六十二条 ………………………………………………… 088
　　一、关于本违法行为的主体 ……………………………………088
　　二、关于本违法行为的构成 ……………………………………088
　　三、关于本违法行为的处罚 ……………………………………089

第六十三条 ………………………………………………… 089
　　一、关于本违法行为的主体 ……………………………………090
　　二、关于本违法行为的构成 ……………………………………090
　　三、关于本违法行为的处罚 ……………………………………090

第六十四条 ………………………………………………… 090
　　一、关于本违法行为的主体 ……………………………………091
　　二、关于本违法行为的构成 ……………………………………091
　　三、关于本违法行为的处罚 ……………………………………092

第六十五条 ………………………………………………… 092
　　一、关于本违法行为的主体 ……………………………………093
　　二、关于本违法行为的构成 ……………………………………093
　　三、关于本违法行为的处罚 ……………………………………093

第六十六条 ………………………………………………… 093
　　一、关于本违法行为的主体 ……………………………………094

二、关于本违法行为的构成 ·································094
三、关于本违法行为的处罚 ·································095

附　录··096
　　重庆市人民代表大会常务委员会公告··················096
　　《重庆市生活垃圾管理条例》·······························097
　　重庆市人民政府关于《重庆市生活垃圾管理条例(草案)》的说明······119
　　重庆市人大城乡建设环境保护委员会关于《重庆市生活垃圾管理条例(草案)》审议意见的报告·················122
　　重庆市人大法制委员会关于《重庆市生活垃圾管理条例(草案)》修改情况的汇报·······························130
　　重庆市人大法制委员会关于《重庆市生活垃圾管理条例(草案)》审议结果的报告·······························133
　　重庆市人大法制委员会关于《重庆市生活垃圾管理条例(草案)》修改情况的报告·······························136
　　重庆市城市管理综合行政执法总队关于印发学习宣传贯彻《重庆市生活垃圾管理条例》实施方案的通知·············139
　　重庆市城市管理综合行政执法总队学习宣传贯彻《重庆市生活垃圾管理条例》实施方案·······················140
　　重庆市城市管理综合行政执法总队关于开展2022年生活垃圾监管执法专项行动的通知·························149
　　重庆市城市管理综合行政执法总队关于学习宣传贯彻《重庆市生活垃圾管理条例》有关情况的通报·············163
　　重庆市城市管理综合行政执法总队关于2022年生活垃圾监管执法专项行动开展情况的通报·····················168

第一章 总 则

> **第一条** 为了加强生活垃圾管理,改善城乡人居环境,保障公众健康,维护生态安全,推进生态文明建设,促进经济社会可持续发展,根据《中华人民共和国固体废物污染环境防治法》《城市市容和环境卫生管理条例》等法律、行政法规,结合本市实际,制定本条例。

【释义】

本条是关于《条例》立法的目的、意义和依据的规定。

一、《条例》立法目的

生活垃圾分类管理的实质是对生活中产生的各种垃圾进行环节上的归类与有效控制,以实现生活垃圾减量化、无害化与资源化利用。生活垃圾分类既关系人民群众的生活环境改善,又关系资源的节约利用,更是社会文明进步的重要体现,制定《条例》对生活垃圾管理进行规范很有必要。

二、《条例》立法意义

重庆市实行生活垃圾分类,意义重大。

一是贯彻落实习近平生态文明思想的重要举措和做到"两个维护"的

重要体现。习近平总书记多次就垃圾分类工作作出重要指示批示,要求加快建立分类投放、分类收集、分类运输、分类处理的垃圾处理系统,形成以法治为基础、政府推动、全民参与、城乡统筹、因地制宜的垃圾分类制度。为贯彻习近平生态文明思想和习近平法治思想,全面落实总书记的重要指示要求,促进重庆市生态文明建设,形成绿色低碳环保健康的生活方式,提升城市精细化管理水平,有必要制定《条例》。

二是贯彻新发展理念,实现高质量发展和高品质生活目标的现实需要。随着国民经济和社会快速发展,重庆市城镇化进程加快,人民群众物质生活水平不断提高,生活垃圾产生量也逐年增长。全面推行生活垃圾分类制度,实现生活垃圾减量化、资源化、无害化,显得尤为迫切和重要。为了增强生活垃圾分类意识,促进习惯养成,营造全社会共同参与的良好氛围,有必要出台地方性法规进行宣传教育、鼓励引导和惩戒约束。

三是依法加强生活垃圾管理的迫切需要。重庆市先后制定出台了《重庆市市容环境卫生管理条例》、《重庆市餐厨垃圾管理办法》和《重庆市生活垃圾分类管理办法》,这些地方性法规和政府规章在规范重庆市生活垃圾管理方面起到了较好的积极作用,但是依然存在内容不全面、适用范围有限、法律位阶较低和措施不力等具体问题。自2020年9月1日起正式施行的新《中华人民共和国固体废物污染环境防治法》,从健全生活垃圾污染环境防治制度,规范生活垃圾分类工作,加强生活垃圾处置利用效率等方面作出了新规定。为了加强与上位法的衔接,细化上位法的规定,有必要结合重庆市实际,制定一部综合的地方性法规,为生活垃圾管理提供法治保障和法律支撑。

三、《条例》立法主要依据

《条例》主要依据《中华人民共和国固体废物污染环境防治法》《城市市容和环境卫生管理条例》两部法律法规制定。需要重点说明的是,新的《中华人民共和国固体废物污染环境防治法》,其规定的基本原则和主要内容对本《条例》的制定发挥了极其重要的作用。《条例》同时还结合重庆市地方经济社会发展实际进行了补充完善。《条例》所称的"等法律、行政法规",还包括《中华人民共和国循环经济促进法》《中华人民共和国清洁生产促进法》《中华人民共和国环境保护法》《中华人民共和国行政处罚法》等。此外,《条例》在修订过程中主要参考了《重庆市市容环境卫生管理条例》及《城市生活垃圾管理办法》(建设部令第157号)、《重庆市餐厨垃圾管理办法》(重庆市人民政府令第226号)、《生活垃圾分类标志》(GB/T 19095—2019)、《国家危险废物名录》(2021年版)等相关内容。

第二条 本市行政区域内生活垃圾的设施规划建设、源头减量、分类投放、清扫、收集、运输、处理、资源化利用及其监督管理等活动,适用本条例。

本条例所称生活垃圾,是指在日常生活中或者为日常生活提供服务的活动中产生的固体废物,以及法律、行政法规规定视为生活垃圾的固体废物。

本市生活垃圾按照国家标准分为可回收物、有害垃圾、厨

> 余垃圾和其他垃圾四类。
>
> 工业固体废物、建筑垃圾、农业固体废物、危险废物等固体废物管理按照国家和本市有关规定执行。

【释义】

本条是关于《条例》适用范围、生活垃圾定义以及生活垃圾分类的明确规定。

一、关于本《条例》的适用范围

本条第一款主要规定《条例》适用的地域范围,为本市行政区域内,即指重庆全部行政区域范围,包括城市地区和农村地区,也就是说,城市生活垃圾和农村生活垃圾都适用本条例。

同时,第一款还规定了《条例》适用的行为活动,即除了生活垃圾的分类投放、清扫、收集、运输、处理等环节,对设施规划建设、源头减量和资源化利用及其监督管理等活动,也予以规范。

二、关于生活垃圾的定义

生活垃圾,简而言之就是生活中产生的垃圾。《中华人民共和国固体废物污染环境防治法》将其明确为在日常生活中或者为日常生活提供服务的活动中产生的固体废物,以及法律、行政法规规定视为生活垃圾的固体废物。《条例》根据《中华人民共和国固体废物污染环境防治法》的规定对生活垃圾进行了法律界定。

什么是固体废物？从字面上看，它应当是固态、半固态或置于容器中的气态的物品、物质以及法律、行政法规规定纳入固体废物管理的物品、物质，是由人类生产、生活中产生出来的，对产生人而言是不能用的，或暂时不能用而放弃的东西。参照旧的《中华人民共和国固体废物污染环境防治法》释义，具体而言，应当具备以下几层意思的废弃物质才属于固体废物：(1)它产生于生产、生活和其他活动中，这里所说的其他活动，主要是指商业活动及医院、科研单位、大专院校等非生产性的，又不属于日常生活活动范畴的正常的活动；(2)它是固态、半固态或置于容器中的气态；(3)它应当是废的或弃之不用的，也就是它丧失原有利用价值或者虽未丧失利用价值但被抛弃或者放弃的，丧失原有利用价值或者虽未丧失利用价值但被抛弃或者放弃的物质是对产生者而言的。

生活垃圾，是从产生的来源分类的固体废物的一大类别，是相对工业固体废物而言的。根据本条规定，生活垃圾主要是指人们在日常生活中产生的废物，如餐厨垃圾、废纸、瓶瓶罐罐等，以及为人们日常生活提供服务的餐饮业、宾馆、车站、码头、商店等在提供社会服务中产生的各类固体废物。

三、关于重庆市生活垃圾的分类

《条例》规定，重庆市严格按照国家标准《生活垃圾分类标志》(GB/T 19095—2019)实施生活垃圾分类管理工作，将生活垃圾分为可回收物、有害垃圾、厨余垃圾和其他垃圾四类。同时，本《条例》附则部分对以下几个概念逐一予以了明确。

可回收物，是指适宜回收利用的生活垃圾，包括纸类、塑料、金属、玻璃、织物等。

有害垃圾，是指《国家危险废物名录》中的家庭源危险废物，包括废药品、废杀虫剂和消毒剂及其包装物、废油漆和溶剂及其包装物、废胶片及废像纸、废荧光灯管、废含汞温度计、废含汞血压计、废铅蓄电池和氧化汞电池以及电子类危险废物等。

厨余垃圾，是指易腐烂的、含有有机质的生活垃圾，包括家庭厨余垃圾、餐厨垃圾和其他厨余垃圾。家庭厨余垃圾主要包括居民日常生活产生的菜帮、菜叶、瓜果皮壳、剩菜剩饭、废弃食物等易腐性垃圾；餐厨垃圾主要包括相关企业和公共机构在食品加工、饮食服务、单位供餐等活动中产生的食物残渣、食品加工废料和废弃食用油脂等；其他厨余垃圾主要包括农贸市场、农产品批发市场产生的蔬菜瓜果垃圾、腐肉、肉碎骨、水产品、畜禽内脏等。

其他垃圾，指除可回收物、有害垃圾、厨余垃圾外的生活垃圾。

此外，工业固体废物、建筑垃圾、农业固体废物、危险废物等固体废物不属于生活垃圾，因此，《条例》未将这些事物的管理纳入适用范围。根据《中华人民共和国固体废物污染环境防治法》，以下几种固体废物具体含义如下：

工业固体废物，是指在工业生产活动中产生的固体废物。

建筑垃圾，是指建设单位、施工单位新建、改建、扩建和拆除各类建筑物、构筑物、管网等，以及居民装饰装修房屋过程中产生的弃土、弃料和其

他固体废物。

农业固体废物,是指在农业生产活动中产生的固体废物。

危险废物,是指列入国家危险废物名录或者根据国家规定的危险废物鉴别标准和鉴别方法认定的具有危险特性的固体废物。

参照旧的《中华人民共和国固体废物污染环境防治法》释义,理解危险废物的含义应当把握以下几点:(1)危险废物不是一般的从公共安全角度说的危险物品,也就是它不是易燃、易爆、有毒的应由公安机关管理的危险物品。但它又不能排除有毒、有害的成分。(2)危险废物是用名录来控制的,凡列入国家的危险废物名录的废物种类都是危险废物,要有特殊的防治措施和管理办法。(3)虽没有列入国家的危险废物名录的废物,但是根据国家规定的危险废物鉴别标准和鉴别方法,如该废物中某有害、有毒成分含量标准而认定的危险废物。(4)危险废物的形态不限于固态,也有液态的,如废酸、废碱、废油等。由于危险废物具有毒性(浸出毒性、急性毒性、生物毒性)、腐蚀性、易燃性、感染性、化学反应性,因而对健康和环境的威胁较大,是我国管理的重点。

第三条 生活垃圾管理坚持党委领导、政府推动、全民参与、城乡统筹、因地制宜、简便易行的原则。

本市建立健全分类投放、分类收集、分类运输、分类处理的生活垃圾管理系统,逐步实现生活垃圾减量化、资源化、无害化。

【释义】

本条是对生活垃圾管理原则和管理目标的规定。

一、生活垃圾管理原则的规定

生活垃圾分类关系人民群众日常生活,对推动生态文明建设、提升社会文明程度、创新基层社会治理都有着重要意义。中央全面深化改革委员会第十五次会议审议通过了《关于进一步推进生活垃圾分类工作的若干意见》,强调要从落实城市主体责任、推动群众习惯养成、加快分类设施建设、完善配套支持政策等方面入手,加快构建以法治为基础、政府推动、全民参与、城乡统筹、因地制宜的垃圾分类长效机制。

同时,《中华人民共和国固体废物污染环境防治法》也确立了"政府推动、全民参与、城乡统筹、因地制宜、简便易行"的生活垃圾分类原则。《关于进一步推进生活垃圾分类工作的若干意见》也明确"坚持党建引领,坚持共建共治共享,深入推进生活垃圾分类工作"。《条例》在遵循有关政策法规的基础上,明确了生活垃圾管理的基本原则,将"党委领导"作为生活垃圾管理的原则并进行强化,是为了突出重庆市生活垃圾分类工作在党的统一领导下,把生活垃圾分类工作纳入当地党委、政府的工作范畴,统一部署,一体推进,从而将更有利于生活垃圾分类工作的落地落实。

二、生活垃圾管理目标的规定

加强生活垃圾管理,维护公共环境和节约资源是全社会共同的目标和责任。《中华人民共和国固体废物污染环境防治法》明确规定,固体废物污染环境防治坚持减量化、资源化和无害化的原则,任何单位和个人都应当采取措施,减少固体废物的产生量,促进固体废物的综合利用,降低固体废物的危害性。对此,《条例》强化了分类管理理念,通过建立健全分类投放、分类收集、分类运输、分类处理的生活垃圾管理系统,从而实现减量化、资源化和无害化的最终目的。结合国家《关于进一步推进生活垃圾分类工作的若干意见》以及《重庆市深化生活垃圾分类工作实施方案》等有关政策文件精神,建立健全分类投放、分类收集、分类运输、分类处理的生活垃圾管理系统:

一是加快分类投放、收集系统建设。根据生活垃圾产生量和产生类别,科学合理布局生活垃圾分类收集容器、厢房、桶站等设施设备。新建住宅项目的垃圾分类收集厢房与主体工程同步设计、同步建设、同步交付使用。积极推广撤桶建站、定时定点投放、监督指导等行之有效的分类投放模式,引导居民精准、便捷地进行生活垃圾分类,逐步提高生活垃圾分类质量。

二是完善分类运输系统。建立与生活垃圾分类收集相衔接的运输网络,根据收集需求配足分类运输设备。依托现有环卫收运体系,建立完善生活源有害垃圾(非危废环节)收运系统,实现厨余垃圾与有害垃圾、其他垃圾有效分开,确保有害垃圾单独收集运输。建立密闭、高效的分类运输系统,避免装车运输过程中"抛洒滴漏"。加强物业单位与生活垃圾清运单位之间的有序衔接,防止生活垃圾"先分后混、混装混运"。做好重大疫情等应急状态下生活垃圾分类相关工作。

三是提升分类处理能力。中心城区加快完善分类处理体系,推进资源循环利用基地建设,中心城区以外区县加快生活垃圾焚烧处理设施和厨余垃圾资源化处理设施新(改、扩)建工作。通过科学布局生活垃圾焚烧飞灰处置设施,解决生活垃圾焚烧飞灰处置难题。提升危险废物利用处置能力,完善有害垃圾处置体系。建立生活垃圾分类收运处理产业链。

《条例》对"生活垃圾全过程管理"的原则主要体现在以下有关制度设计中:

一是对编制生活垃圾处置专项规划、设施建设计划以及新建、改建、扩建项目配套建设生活垃圾分类收集设施作出了明确规定;二是对生活垃圾分类投放、清扫、收集、运输、处理以及处理设施运行等各环节提出明确要求,实现全过程全链条管理;三是对应急机制、异地补偿机制以及生活垃圾资源化利用作出了规定。

> **第四条** 市人民政府应当将生活垃圾管理纳入本市国民经济和社会发展规划、生态环境保护规划,制定生活垃圾处理总量控制计划,统筹协调生活垃圾管理工作。
>
> 区县(自治县)人民政府负责本行政区域内的生活垃圾管理工作,将生活垃圾管理纳入本区县(自治县)国民经济和社会发展规划、生态环境保护规划,按照生活垃圾管理目标和生活垃圾处理总量控制计划,因地制宜开展生活垃圾分类工作。

> 街道办事处、乡镇人民政府负责本辖区内生活垃圾的日常管理工作,指导居(村)民委员会动员组织辖区内的单位和个人参与生活垃圾减量、分类等工作。

【释义】

本条是对市、区县(自治县)、街道办事处和乡镇人民政府关于生活垃圾管理职责的规定。

关于第一款生活垃圾管理的有关规划计划,目前,重庆市已将生活垃圾管理纳入"十四五"发展规划、生态环境保护规划,将生活垃圾处理设施纳入国土空间规划,同时,结合"碳达峰""碳中和"战略部署,正积极推进制订生活垃圾总量控制与减量计划。

生活垃圾管理是各级人民政府的重要职责。重庆市是三级政府管理模式,因此,市人民政府统一领导全市生活垃圾管理工作,制订专项计划,统筹协调生活垃圾管理工作;区县(自治县)人民政府负责本行政区域生活垃圾管理工作,落实市政府确定的管理目标;街道办事处、乡镇人民政府负责本辖区内生活垃圾的日常管理工作,组织动员辖区内的单位和个人积极参与生活垃圾有关工作。

> **第五条** 城市管理部门是生活垃圾管理的主管部门,负责生活垃圾管理工作的组织、协调、指导和监督。生活垃圾管理

> 事务性工作由其所属的环境卫生事务机构负责。
>
> 　　发展改革、教育、生态环境、住房城乡建设、农业农村、商务、市场监管、科技、经济信息、公安、民政、财政、规划自然资源、交通、文化旅游、卫生健康、机关事务管理、邮政管理、供销合作组织等部门或者单位按照各自职责做好生活垃圾管理工作。

【释义】

本条是关于生活垃圾管理各部门职责的规定。

《中华人民共和国固体废物污染环境防治法》规定,地方人民政府发展改革、工业和信息化、自然资源、住房城乡建设、交通运输、农业农村、商务、卫生健康等主管部门在各自职责范围内负责固体废物污染环境防治的监督管理工作。同时,《城市市容和环境卫生管理条例》也规定,省、自治区人民政府城市建设行政主管部门负责本行政区域的城市市容和环境卫生管理工作,城市人民政府市容环境卫生行政主管部门负责本行政区域的城市市容和环境卫生管理工作。

根据以上有关法律法规的规定,结合重庆市政府部门职责划分的实际情况,《条例》本条明确城市管理部门为生活垃圾管理的主管部门。由城市管理部门负责组织、协调、指导和监督,其他部门各司其职,协同实施《条例》。生活垃圾分类工作涉及千家万户,涉及老百姓的切身利益,涉及各部门之间的相互配合,紧密协作。关于生活垃圾管理的部门职责划分问题,《条例》草案曾采取罗列的方式,列举了6个政府部门在履行生活垃圾管理上的职责。在审议过程中,有意见指出,《条例》草案中关于部门职责的表述有的不够准确,有的不够全面,且部门职责划分属于政府事权,随着生活垃圾管理工作的深入推进,部门之间的职能职责可能有所调整。因此,《条例》采取概括性写法,列举了与生活垃圾管理工作密切相关的其他部门,依据职能职责抓好工作落实。

> **第六条** 市、区县(自治县)人民政府应当将生活垃圾管理所需经费纳入本级预算,保障城乡生活垃圾管理的资金投入。
>
> 本市鼓励和引导社会资本参与生活垃圾源头减量、分类投放、清扫、收集、运输、处理以及资源化利用等活动。

【释义】

本条是《条例》实施的经费保障和鼓励社会资本参与投入到生活垃圾分类工作的规定。

本条第一款规定了财政资金对生活垃圾管理给予保障,充足的经费保障是有效实施生活垃圾管理的重要基础,《条例》实施需要政府财政投入的保证。具体而言,市、区县(自治县)要结合实际,统筹安排预算,重点保障和支持生活垃圾分类示范建设、分类处理技术创新研发、低值可回收物回收、社会宣传发动等所需经费,落实生活垃圾分类工作相关税收优惠等。

生活垃圾分类工作,不仅仅是政府的事情,更是所有老百姓自己的事。光靠政府财政投入是远远不够的,应该注重吸纳社会资本参与。因此,本条第二款规定,鼓励和引导社会资本投入生活垃圾管理各环节活动(主要包含生活垃圾源头减量、分类投放、清扫、收集、运输、处理以及资源化利用等环节),从而逐步形成政府引导、市场运作、多元投入的经费保障机制。

> **第七条** 街道办事处、乡镇人民政府应当将生活垃圾管理纳入基层社会治理工作,加强组织协调和指导。
>
> 建立基层党组织领导下的居(村)民委员会、业主大会、业主委员会和物业服务企业议事协调机制,统筹推进生活垃圾分类工作。
>
> 倡导居(村)民委员会将生活垃圾分类要求纳入居民公约和村规民约。

【释义】

本条是关于生活垃圾管理基层治理的规定。

生活垃圾管理是与群众生活息息相关的公共服务事项,需要引导、鼓励和支持公众参与。生活垃圾分类是加强基层治理的重要载体,应通过强化基层党组织领导作用,统筹居(村)民委员会、业主委员会、物业单位力量,加强垃圾分类宣传,做好组织、动员、宣传、指导工作:一是倡导居(村)民委员会将生活垃圾分类要求纳入居民公约和村规民约,作为大家共同遵守的章程,充分发挥居(村)民自治功能;二是通过业主大会、业主委员会和物业服务企业议事协调机制,加强生活垃圾分类宣传,普及分类知识,充分听取居民意见,将居民的分类意识转化为自觉行动。

> **第八条** 环境卫生、再生资源、物业管理、电子商务、餐饮、酒店、旅游、交通运输、物流等行业协会应当将生活垃圾源头减量、分类工作纳入行业自律规范、行业培训和行业评价,引导并督促会员单位开展生活垃圾分类工作。

【释义】
本条是关于行业参与生活垃圾管理的规定。

环境卫生、再生资源、物业管理、电子商务、餐饮、酒店、旅游、交通运输、物流等行业协会是落实生活垃圾分类工作的重要主体和重要依托。相关行业协会要加大生活垃圾分类工作学习教育宣传引导力度,主动将生活垃圾分类工作纳入行业自律规范、行业培训和行业评价当中,引导并督促本行业的会员单位开展生活垃圾分类工作,推动生活垃圾分类全过程管理。

第九条 国家机关、社会团体、企业事业单位、基层群众性自治组织应当加强生活垃圾减量化、资源化、无害化的宣传教育,普及生活垃圾分类知识,倡导绿色低碳的生活方式。

学校应当开展生活垃圾减量和分类知识的普及教育工作,中小学校和幼儿园应当将生活垃圾减量、分类的知识纳入教育教学内容。

新闻媒体应当开展生活垃圾减量和分类知识的公益宣传,增强社会公众的生活垃圾减量和分类意识,并对违反生活垃圾管理的行为进行舆论监督。

市城市管理主管部门应当联合相关部门设立科普教育基地,普及生活垃圾分类等知识。市城市管理主管部门确定的生活垃圾处理设施运营单位应当设立公众开放日,接待社会公众参观。

【释义】

本条是关于生活垃圾减量化、资源化、无害化知识和观念宣传教育的规定。

《中华人民共和国固体废物污染环境防治法》规定,国家机关、社会团体、企业事业单位、基层群众性自治组织和新闻媒体应当加强固体废物污染环境防治宣传教育和科学普及,增强公众固体废物污染环境防治意识。

市人大常委会在审议《条例》过程中也强调指出,在推进生活垃圾管理的工作中,加强宣传教育、引导正确分类投放、监督分类转运是关键,这既需要鼓励政策,也需要约束措施。生活垃圾分类涉及老百姓生活习惯的改变,从全国各地的垃圾分类推行情况看,这有一个过程,新的习惯养成不可能一蹴而就,重要的是持之以恒、久久为功。

因此,生活垃圾管理工作既需要政府科学组织和有力推动,又需要加强监督管理,更需要全市各类社会组织积极参与。通过学校、新闻媒体、相关科普教育基地的普及教育和宣传发动,普及生活垃圾相关知识,提高广大市民的生活垃圾分类意识,激发其主动实施生活垃圾分类的热情,推动形成全社会共同参与的良好氛围。本条关于生活垃圾减量化、资源化、无害化知识和观念宣传教育的规定包含以下几个方面内容:

一是国家机关、社会团体、企业事业单位、基层群众性自治组织是生活垃圾分类工作的主力军和骨干力量,应当加强生活垃圾减量化、资源化、无害化的宣传教育,普及生活垃圾分类知识,倡导绿色低碳的生活方式。

二是学校作为学生接受学习教育的主战场,尤其是中小学校和幼儿园,要让垃圾分类切实从校园抓起、从娃娃抓起。通过课堂教学、校园文化、社会实践等方式,深入开展垃圾分类宣传教育,将垃圾分类工作纳入绿色学校创建统筹推进。依托各级少先队、学校团组织等开展"小手拉大手"等知识普及和社会实践活动,动员家庭积极参与。支持有条件的学校、社区建立生活垃圾分类青少年志愿服务队。

三是新闻媒体应当充分发挥宣传引导作用,加大生活垃圾分类公益宣传力度,注重典型引路、正面引导,利用广播、电视、报刊、网络等媒体在黄金时段或显著版面开展生活垃圾分类知识公益宣传,增强社会公众生活垃圾减量化、资源化和无害化意识,并对违反生活垃圾管理的行为进行舆论监督,营造全社会参与的良好氛围。

四是市城市管理主管部门作为全市生活垃圾管理主管部门,应当加强对全市生活垃圾管理工作的监督管理和组织指导,应当联合相关部门设立科普教育基地,普及生活垃圾分类等知识,同时,市城市管理主管部门确定的生活垃圾处理设施运营单位应当设立公众开放日,接待社会公众参观,主动接受群众和社会舆论的监督。

> **第十条** 产生生活垃圾的单位、家庭和个人应当依法履行生活垃圾源头减量和分类投放义务,承担生活垃圾产生者责任。
>
> 国家机关、事业单位等应当在生活垃圾减量、分类工作中起示范带头作用。

【释义】

本条是对生活垃圾产生者义务的规定。

《中华人民共和国固体废物污染环境防治法》规定,产生生活垃圾的单位、家庭和个人应当依法履行生活垃圾源头减量和分类投放义务,承担生活垃圾产生者责任。机关、事业单位等应当在生活垃圾分类工作中起示范带头作用。

垃圾虽小,却牵着民生,连着文明。日常生活中,每个人每天都会产生许多垃圾。《广州文明网》记载,曾有调查指出:全国餐饮食物浪费量约为每年1700万吨至1800万吨,不仅相当于3000万至5000万人口一年的口粮,还造成了许多的餐厨垃圾;全国每年快递包装造成的垃圾可摆满近20万个足球场,胶带总长可绕赤道425圈;全国每年塑料总消费6000万吨以上,随风飞舞、随河漂流的塑料袋,造成严重能源浪费和环境污染……人人都是生活垃圾的产生者,那么人人就应该承担起产生者的责任。生活垃圾管理是全社会的共同责任,不仅需要各级人民政府积极履行法定职责,积极开展生活垃圾治理工作,同时更需要社会各成员的广泛参与。

本条通过明确将生活垃圾源头减量和分类投放作为每个单位、家庭和个人的义务,有利于动员和保证全社会的每个成员都积极参与生活垃圾减量和分类,切实发挥每个社会成员在生活垃圾管理工作中的作用。

第十一条 本市按照"谁产生、谁付费"的原则,逐步探索建立计量收费、差别化收费、利于收缴的生活垃圾处理收费制度。农村地区的生活垃圾处理费用,可以通过政府补贴、社会捐赠、村民委员会筹措、农户缴纳等方式筹集。

生活垃圾处理收费具体办法由市人民政府制定。

【释义】

本条是关于生活垃圾处理收费制度的规定。

生活垃圾处理收费制度是生活垃圾管理制度体系的重要组成部分，也是制约生活垃圾产生量的有效途径和手段。生活垃圾处理收费主要解决以下几个问题：一是明确城市生活垃圾处置费的征收范围；二是根据实际情况对征收类别进行科学划分，做到公平征收；三是完善和规范减免机制；四是使城市生活垃圾实现分类征收等。通过完善城市生活垃圾处置费征收管理机制，提高征收率，促进城市生活垃圾的资源化、减量化、无害化处置，改善城市人居环境，促进城市可持续发展。

关于计量收费，在市人大常委会审议《条例》过程中，有意见认为，计量收费在实践中较难推行，建议删除。法制委员会认为，《中华人民共和国固体废物污染环境防治法》第五十八条规定生活垃圾处理收费标准应当"体现分类计价、计量收费等差别化管理"，因此，"逐步探索建立计量收费"符合上位法要求。目前，重庆市已开始探索计量收费。按照国家规定，重庆市将实施"谁产生、谁付费"，并逐步探索建立计量收费、差别化收费、利于收缴的生活垃圾处理收费制度。也就是说，谁产生的垃圾多，产生的量大，谁付的生活垃圾处理费用就多。今后，重庆市将进一步本着便于市民生活、利于收缴的原则，改进和完善生活垃圾处理收费制度。

同时，鉴于重庆市城乡经济社会发展水平、居民生活习惯等存在一定差异，为建立城乡统筹、因地制宜的生活垃圾管理体制，考虑到重庆市农村地区筹集生活垃圾处理费用的特殊性，《条例》本条规定，农村地区可采用政府补贴、社会捐赠、村民委员会筹措、农户缴纳等多种形式、多种渠道进行费用筹集。

> **第十二条** 本市鼓励和支持生活垃圾管理领域的科技创新,促进新技术、新工艺、新材料、新设备等的研究开发、成果转化和推广应用,推动生活垃圾相关产业与现代制造业、现代物流业、现代服务业、现代农业等产业融合发展,推进生活垃圾管理工作信息化、智能化。

【释义】

本条是关于鼓励技术创新的规定。

《中华人民共和国固体废物污染环境防治法》规定,国家鼓励、支持固体废物污染环境防治的科学研究、技术开发、先进技术推广和科学普及,加强固体废物污染环境防治科技支撑。

鼓励和支持生活垃圾管理领域的科技创新,促进新技术、新工艺、新材料、新设备等的研究开发、成果转化和推广应用,对提高生活垃圾管理信息化、智能化提供了技术支撑。同时,在《条例》审议过程中,有的常委会组成人员指出,鉴于相关产业对生活垃圾分类工作具有重要意义,建议增加促进生活垃圾相关产业发展的相关规定。基于此,为了更好地推进生活垃圾管理方面的技术创新,《条例》本条规定,支持生活垃圾管理领域的科技创新,推进生活垃圾管理工作的信息化与智能化。具体而言,主要包含以下方面的技术创新。

一是推动生活垃圾分类投放、收集、运输、处理等技术的创新发展。二是加强生活垃圾分类处理技术装备研发和集成示范应用,完善渗滤液处理、飞灰处置、污染物排放等技术标准。三是强化厨余垃圾资源化利用核心技术的攻关,开展低值废弃物资源化和废旧塑料资源化利用项目示范工程建设。四是运用大数据、人工智能、物联网、互联网、移动端App等技术手段,推进生活垃圾分类相关产业发展。

第二章　规划与建设

第十三条　市城市管理主管部门应当会同发展改革、规划自然资源、生态环境、住房城乡建设等部门,依据本市国民经济和社会发展规划组织编制市生活垃圾处置专项规划,报市人民政府审批;涉及国土空间规划布局的,经规划自然资源部门综合平衡后纳入国土空间规划。

市生活垃圾处置专项规划应当统筹生活垃圾处理流向、流量,确定生活垃圾分类集中转运和处理设施的总体布局。

区县(自治县)人民政府应当根据市生活垃圾处置专项规划,组织编制区县(自治县)生活垃圾处置专项规划,确定生活垃圾收集、转运、处理设施的详细布局,并报市城市管理主管部门备案。涉及设施建设的,应当与所在地的详细规划相衔接。

编制生活垃圾处置专项规划应当征求专家和公众意见。规划草案报送审批前,应当依法予以公示。

【释义】

本条是关于生活垃圾处置专项规划有关规定。

一、关于"生活垃圾处置专项规划"的概念

本条所指生活垃圾处置专项规划涵盖生活垃圾分类收集、转运、处理设施的规划布局，非狭义的生活垃圾末端处理设施规划，通过加强生活垃圾分类和处理设施建设的系统谋划，规范生活垃圾全过程管理。

二、生活垃圾处置专项规划编制主体与内容

市生活垃圾处置专项规划由市城市管理主管部门负责组织编制，其主要任务是统筹生活垃圾处理流向、流量，确定全市生活垃圾处置的发展目标，规划内容较为宏观，侧重于生活垃圾分类集中转运和处理设施的总体布局。

区县（自治县）生活垃圾处置专项规划由区县（自治县）人民政府负责组织编制，规划内容较市生活垃圾处置专项规划更为具体，在确定生活垃圾转运和处理设施布局的基础上，细化至垃圾前端分类收集等环节。

三、生活垃圾处置专项规划编制报批程序

生活垃圾处置专项规划在规划层面上属于市政公共基础设施专业规划。按照法定城乡规划全覆盖工作要求，市生活垃圾处置专项规划编制完成，先送重庆市规划委员会（办公室设在规划自然资源部门）审查后，再报市人民政府审批，成果融入重庆市国土空间规划；各区县（自治县）以市生活垃圾处置专项规划为指导，编制区县（自治县）生活垃圾处置专项规划，经区县（自治县）人民政府批准后，规划成果纳入所在地的详细规划，并报市城市管理主管部门备案。

为提升规划的科学性,充分保障公众知情权、参与权,按照规划编制要求,规划草案报批前,应征求专家和公众意见,完善公示等程序。

> **第十四条** 市城市管理主管部门应当制定本市生活垃圾集中转运、处理、资源化利用等设施建设计划。本市有关部门编制政府投资年度计划、年度土地供应计划时,应当统筹安排生活垃圾集中转运、处理重点设施的建设。
>
> 区县(自治县)城市管理主管部门应当根据本市的统筹安排,制定年度生活垃圾收集、集中转运、处理、资源化利用等设施的建设工作计划并组织实施,保障生活垃圾管理设施的建设与正常运行。

【释义】

本条是对编制生活垃圾处置设施建设计划的规定。

为提升生活垃圾收运处理等设施建设质效,应当提前制订计划,有序推进。生活垃圾处置设施建设计划编制实施分为两个层面:市城市管理主管部门对市生活垃圾处置专项规划目标任务进行细化分解,制订垃圾收运处理设施建设计划,明确生活垃圾集中转运、处理等设施建设重点,并将其纳入政府年度投资计划及土地供应计划;区县(自治县)城市管理主管部门以市级垃圾收运处理设施建设计划为指导,结合辖区实际制订相应工作计划并组织实施。

第十五条 新建、改建或者扩建的建设项目，应当按照国家及本市相关标准、规范，配套建设生活垃圾分类收集设施。

配套生活垃圾分类收集设施应当与主体工程同时设计、同时建设、同时交付使用；建设工程分期建设的，配套生活垃圾分类收集设施应当与首期工程同时交付使用。

没有生活垃圾分类收集设施或者已有设施不符合生活垃圾分类标准的，应当予以补建、改造，并达到标准。

农村地区应当根据实际需要配套建设符合生活垃圾分类要求的收集设施，配备生活垃圾分类收集容器。

【释义】

本条是关于建设项目配建生活垃圾分类收集设施的规定。

一、配套建设生活垃圾分类收集设施的标准规范

国家和重庆市现行关于生活垃圾分类收集设施的标准规范包括：《环境卫生设施设置标准》(CJJ 27—2012)、《生活垃圾收集站建设标准》(建标 154—2011)、《生活垃圾收集站技术规程》(CJJ 179—2012)、《生活垃圾收集运输技术规程》(CJJ 205—2013)、《生活垃圾转运站工程项目建设标准》(建标 117—2009)、《生活垃圾转运站技术规范》(CJJ/T 47—2016)、《新建住宅项目生活垃圾分类收集厢房设计导则(试行)》(CG 043—2021)等。

二、实施"三同时"制度的重要性

依据《中华人民共和国环境保护法》第四十一条规定,为保证建设项目及时、充分配置生活垃圾分类收集设施,要求实施"三同时"制度,即配套生活垃圾分类收集设施应当与主体工程同时设计、同时建设、同时交付使用。同时,生活垃圾分类收集设施作为"邻避"设施的一类,实施"三同时"制度,有利于项目落地,降低"邻避效应"产生的后续影响。而对于没有生活垃圾分类收集设施或者已有设施不符合生活垃圾分类标准的,条文单独规定应当予以补建、改造,并达到标准,以保障公众健康和改善人居环境。

三、农村地区配套建设生活垃圾分类收集设施的要求

鉴于重庆市城乡二元化结构明显,经济社会发展水平、居民生活习惯等存在一定差异,为建立城乡统筹、因地制宜的生活垃圾管理体制,对农村生活垃圾分类收集作了适度区别规定,明确农村地区应根据实际需要配套建设符合生活垃圾分类要求的收集设施,配备生活垃圾分类收集容器。

第十六条 生活垃圾收集、集中转运、处理设施工程竣工后,建设单位应当依法组织竣工验收,并通知城市管理主管部门进行监督。

工程未经验收或者验收不合格的,不得交付使用。

【释义】

本条是关于生活垃圾收运处理设施工程竣工验收的有关规定。

要求城市管理部门职责前移,强化建管衔接,使用好竣工验收并联审批等提前介入手段,注重资料移交程序,确保生活垃圾收运处理设施工程符合建设、管理和质量要求,便于交付后能够立即投入使用。

> **第十七条** 禁止擅自关闭、占用、闲置或者拆除生活垃圾收集、转运和处理设施、场所;确有必要关闭、占用、闲置或者拆除的,应当由所在地的区县(自治县)城市管理主管部门商所在地的区县(自治县)生态环境部门同意后核准,并重建、补建或者提供替代设施、场所,防止污染环境。
>
> 生活垃圾卫生填埋场停止使用的,运行管理单位应当按照国家和本市相关标准及规定实施封场工程,并做好封场后的维护管理工作。

【释义】

本条是关于生活垃圾收运处理设施保障的规定。

一、关闭、占用、闲置或者拆除生活垃圾收运处理设施的程序

为保证生活垃圾收运处理设施持续、有效使用,防止可能造成的环境污染,依据《城市生活垃圾管理办法》第十四条等规定,申请关闭、占用、闲

置或者拆除生活垃圾收运处理设施的,应由申请单位向所在地城市管理主管部门提出书面申请,并附设施权属关系证明,丧失使用功能或使用功能被其他设施替代证明,防止环境污染方案,拟关闭、闲置或者拆除设施现状图及拆除方案,拟新建设施设计图,规划建设部门批准文件等资料,由所在地城市管理主管部门商所在地生态环境部门同意后核准。

二、生活垃圾填埋场停用封场相关规定

由于生活垃圾填埋场占地面积大、后续污染治理时间长,且重庆市大多数生活垃圾卫生填埋场处于运营末期,因此本条就生活垃圾填埋场停用封场单列一款进行明确。对于生活垃圾卫生填埋场停止使用的,应按照《生活垃圾卫生填埋场封场技术规范》(GB 51220—2017)、《生活垃圾填埋场污染控制标准》(GB 16889—2008)、《中小城镇生活垃圾填埋场封场污染控制与修复指南》(CG 049—2021)、《生活垃圾卫生填埋气体收集处理及利用工程运行维护技术规程》(CJJ 175—2012)、《生活垃圾渗沥液处理技术规范》(CJJ 150—2010)、《生活垃圾卫生填埋场岩土工程技术规范》(CJJ 176—2012)等标准规范进行封场,强化土壤修复及风险管控,完善填埋场臭气、渗滤液等废弃物处理措施,同时,做好封场后的维护管理工作。

第三章　源头减量

> **第十八条**　市、区县(自治县)人民政府应当按照节约资源、保护生态环境与保障生产生活安全的要求,在生产、流通、消费等领域建立促进生活垃圾源头减量的工作机制。

【释义】

本条是关于促进源头减量的规定。

生活垃圾源头减量是指在生产、流通、消费等过程中避免和减少资源消耗和废物产生,以及采取适当措施使废物量减少的过程。建立源头减量工作机制,是推动落实生活垃圾源头减量工作的重要支撑。参照其他先进城市相关法规和做法经验,本条规定市、区县(自治县)人民政府应当在生产、流通、消费等领域建立促进生活垃圾源头减量的工作机制,同时,明确建立工作机制需要遵循的相关要求。

> **第十九条**　从事工艺、设备、产品及包装物设计,应当按照减少资源消耗和废物产生的要求,优先选择采用易回收、易拆解、易降解、无毒无害或者低毒低害的材料和设计方案,并符合

国家强制性标准。

企业对产品的包装应当合理,防止过度包装造成资源浪费和环境污染。

【释义】

本条是关于产品设计及包装环节源头减量的规定。

《中华人民共和国循环经济促进法》规定,从事工艺、设备、产品及包装物设计,应当按照减少资源消耗和废物产生的要求,优先选择采用易回收、易拆解、易降解、无毒无害或者低毒低害的材料和设计方案,并应当符合有关国家标准的强制性要求。设计产品包装物应当执行产品包装标准,防止过度包装造成资源浪费和环境污染。

《中华人民共和国清洁生产促进法》规定,企业对产品的包装应当合理,包装的材质、结构和成本应当与内装产品的质量、规格和成本相适应,减少包装性废物的产生,不得进行过度包装。

生活垃圾减量,既需要通过垃圾产生后的分类处理实现垃圾减量化、资源化、无害化,也需要在商品的设计、生产、流通、消费等环节推行减量措施,落实减量要求。本条在遵循上位法相关规定基础上,对企业在商品相关设计和包装中的义务进行了分类规定。第一款规定企业在工艺、设备、产品及包装物设计环节中所具体承担的义务;第二款规定企业在产品包装环节中所具体承担的义务。

> **第二十条** 邮政、快递企业应当执行国家快递绿色包装相关标准、规范,优先使用电子运单和可重复使用、易回收利用的包装物,减少包装材料的使用。鼓励寄件人使用可降解、可循环使用的环保包装。
>
> 电子商务经营者应当提供多种规格的封装袋、可循环使用包装袋等绿色包装选项,运用计价优惠等机制,引导消费者使用环保包装。

【释义】

本条是关于邮政、快递、电子商务行业源头减量的规定。

《中华人民共和国固体废物污染环境防治法》规定,电子商务、快递、外卖等行业应当优先采用可重复使用、易回收利用的包装物,优化物品包装,减少包装物的使用,并积极回收利用包装物。县级以上地方人民政府商务、邮政等主管部门应当加强监督管理。

在互联网购物已成为现代生产生活中重要的商品交易方式的背景下,邮政企业、快递企业、电子商务经营者在经营过程中产生的纸质运单、快递包装以及商品封装等,已成为生活垃圾的重要来源,产生量呈逐年上升趋势。为落实快递包装、商品封装环节中源头减量要求,本条分别规定了邮政企业和快递企业以及电子商务经营者的源头减量义务。本条第一款要求邮政、快递企业执行快递绿色包装相关标准、规范,并通过使用电子运单、可重复回收利用及易回收利用的包装以及鼓励寄件人使用环保包装的方式促进源头减量;第二款要求电子商务经营者在提供多种包装规格选项的基础上,运用价格激励手段引导消费者使用环保包装。

> **第二十一条** 标准化果蔬生产基地、农贸市场、超市、电子商务等经营者应当避免过度包装,逐步推行净菜上市。
>
> 鼓励有条件的农贸市场安装符合标准的厨余垃圾处理设施,进行就地处理。

【释义】

本条是关于净菜上市和农贸市场安装厨余垃圾处理设施的规定。

《中华人民共和国固体废物污染环境防治法》规定,县级以上地方人民政府有关部门应当加强产品生产和流通过程管理,避免过度包装,组织净菜上市,减少生活垃圾的产生量。

在果蔬流通经营过程中产生的果蔬垃圾和包装物是生活垃圾的重要来源。结合其他省市在生活垃圾源头减量工作中的实践经验,推行包装减量、净菜上市,以及果蔬经营场所厨余垃圾就地处理要求后,能够大量减少生活垃圾产生。

本条第一款设置了标准化果蔬生产基地、农贸市场、超市、电子商务等经营者的包装减量和逐步推行净菜上市的义务。

第二款则鼓励有条件的农贸市场通过安装厨余垃圾就地处理设备开展就地处理工作,从而实现源头减量,减少生活垃圾清运、处理成本。农贸市场产生的废弃菜根菜叶、碎肉碎骨、动物内脏等,一般无盐、少油,加之没有高温加热,通过发酵等方式产生有机肥能够较好地利用,所以鼓励有条件的农贸市场安装厨余垃圾处理设施。

重庆市不鼓励在家庭安装厨余垃圾处理器(如粉碎机等),主要是厨余垃圾粉碎后排入下水道容易造成堵塞,家庭厨余垃圾含大量有机物,发酵后产生沼气,存在安全隐患,也会给污水处理设施造成过度的负担。

> **第二十二条** 本市按照国家规定禁止、限制生产、销售和使用不可降解塑料袋等一次性塑料制品。超市、商场、集贸市场等商品零售场所不得免费提供塑料袋。
>
> 旅游、住宿、餐饮经营者应当按照国家有关规定推行不主动提供一次性用品。市城市管理主管部门应当会同商务、文化旅游、市场监管等部门制定一次性用品的目录清单,向社会公布,并定期更新。

【释义】

本条是关于重点领域一次性用品源头减量的规定。

《中华人民共和国固体废物污染环境防治法》规定,国家依法禁止、限制生产、销售和使用不可降解塑料袋等一次性塑料制品。国家鼓励和引导减少使用、积极回收塑料袋等一次性塑料制品，推广应用可循环、易回收、可降解的替代产品。旅游、住宿等行业应当按照国家有关规定推行不主动提供一次性用品。

2020年9月，按照国家发展改革委、生态环境部《关于进一步加强塑料污染治理的意见》（发改环资〔2020〕80号）要求，重庆市发展和改革委员会、重庆市生态环境局印发《重庆市关于进一步加强塑料污染治理的实施意见》（渝发改资环〔2020〕1446号），明确：2020年，按照国家要求全市禁止生产、销售部分塑料制品；率先在中心城区（含两江新区、重庆高新区），以及全市餐饮行业和部分酒店、宾馆、景区景点餐饮堂食服务等塑料污染问题突出的领域，禁止、限制部分塑料制品的使用。到2022年，全市一次性塑料制品消费量明显减少，替代产品得到推广，塑料废弃物资源化能源化利用比例大幅提升，形成一批可复制、可推广的塑料减量和绿色物流模式。到2025年，塑料制品生产、流通、消费、回收、利用、处置等环节的管理制度基本建立，多元共治体系基本形成，替代产品开发应用水平进一步提升，塑料污染得到有效控制。

《重庆市关于进一步加强塑料污染治理的实施意见》（渝发改资环〔2020〕1446号）明确，禁止生产和销售的塑料制品包括：厚度小于0.025毫米的超薄塑料购物袋、厚度小于0.01毫米的聚乙烯农用地膜。禁止以医疗废物为原料制造塑料制品。全面禁止废塑料进口。到2020年底，禁止生产和销售一次性发泡塑料餐具、一次性塑料棉签；禁止生产含塑料微珠的日化产品。到2022年底，全市禁止销售含塑料微珠的日化产品。禁止、

限制使用的塑料制品包括：①不可降解塑料袋。到2020年底，中心城区城市建成区的商场、超市、药店、书店等场所以及餐饮打包外卖服务和各类展会活动，禁止使用不可降解塑料袋，集贸市场规范和限制使用不可降解塑料袋。到2022年底，实施范围扩大到各区县城市建成区。到2025年底，全市各区县城市建成区集贸市场禁止使用不可降解塑料袋。鼓励有条件的区县，在城乡接合部、乡镇和农村地区集市等场所停止使用不可降解塑料袋。②一次性塑料餐具。到2020年底，全市范围内餐饮行业禁止使用不可降解一次性塑料吸管。各区县城市建成区、景区景点餐饮堂食服务，禁止使用不可降解一次性塑料餐具。到2025年，各区县城市建成区内餐饮外卖领域不可降解一次性塑料餐具消耗强度下降30%。③宾馆、酒店一次性塑料用品。到2020年底，中心城区范围旅游星级饭店、酒店以及其他区县三星级及以上旅游星级饭店、酒店等场所不再主动提供一次性塑料用品。到2022年底，全市范围所有旅游星级饭店、酒店等场所不再主动提供一次性塑料用品。到2025年底，所有宾馆、酒店、民宿等场所不再主动提供一次性塑料用品。宾馆、酒店、民宿等场所可通过设置自助购买机、提供续充型洗洁剂等方式提供相关服务。④快递塑料包装。2020年，在中心城区开展"绿色快递邮政城市"试点，持续推进"9571"工程（电子运单使用率达95%、50%以上电商快件不再二次包装、循环中转袋使用率达70%、1000个邮政快递网点设置包装废弃物回收装置），鼓励快递行业使用循环中转袋，减少使用塑料袋包装。到2025年底，全市范围邮政快递网点禁止使用不可降解的塑料包装袋、塑料胶带、一次性塑料编织袋

等。以一次性塑料制品为代表的一次性用品的大量使用,给控制生活垃圾产生量、减少环境污染带来挑战。本条第一款在沿袭上位法严控一次性塑料制品生产、销售、使用要求的基础上,进一步明确超市、商场、集贸市场等商品零售场所不得免费提供不可降解的塑料袋;第二款在明确旅游、住宿、餐饮经营者不主动提供一次性用品义务的基础上,明确要求市城市管理部门会同市市场监管、文化旅游、商务等部门制订一次性用品目录,定期更新并向社会公布。不主动提供一次性用品,不等于不提供,应当通过在公共区域张贴图文提示、主动告知等方式,引导顾客合理、减少使用一次性用品。

> **第二十三条** 鼓励单位和个人节约使用和重复利用办公用品。
>
> 国家机关和使用财政性资金的其他组织应当优先采购和使用有利于保护环境的产品、设备和设施,在符合保密规定的前提下推行无纸化办公,减少使用一次性办公用品。

【释义】

本条是关于办公领域源头减量的规定。

《中华人民共和国环境保护法》规定,国家鼓励和引导公民、法人和其他组织使用有利于保护环境的产品和再生产品,减少废弃物的产生。《中

华人民共和国固体废物污染环境防治法》规定,机关、企业事业单位等的办公场所应当使用有利于保护环境的产品、设备和设施,减少使用一次性办公用品。一次性办公用品主要包括打印纸、封皮纸、纸杯、圆珠笔等。

促进办公用品节约使用和重复利用、减少一次性办公用品的使用是生活垃圾源头减量的重要举措。本条第一款通过促进性条款的设置,鼓励各类主体节约使用和重复利用办公用品;第二款针对在整体社会生活中有极强示范性、引领性作用的国家机关和使用财政性资金的其他组织,明确其实行绿色采购、推动无纸化办公以及减少使用一次性办公用品的义务。

> **第二十四条** 单位和个人不得浪费食物。餐饮经营者、餐饮外卖平台应当以显著方式提示消费者适量点餐。
>
> 鼓励餐厨垃圾产生单位利用新技术、新设备对餐厨垃圾进行油水分离,促进源头减量。

【释义】

本条是关于餐饮领域源头减量的规定。

《中华人民共和国反食品浪费法》规定,餐饮服务经营者应当主动对消费者进行防止食品浪费提示提醒,在醒目位置张贴或者摆放反食品浪费标识,或者由服务人员提示说明,引导消费者按需适量点餐。餐饮外卖

平台应当以显著方式提示消费者适量点餐。餐饮服务经营者通过餐饮外卖平台提供服务的,应当在平台页面上向消费者提供食品分量、规格或者建议消费人数等信息。

厨余垃圾是生活垃圾的重要组成部分。本条参照上位法,第一款明确了单位和个人不得浪费食物的一般性义务,重点明确了餐饮经营者、餐饮外卖平台的适量点餐提示义务,从点餐源头避免食物浪费。餐饮经营者应当通过在醒目位置张贴图文、在餐桌摆放标识等方式,提醒消费者适量点餐、践行光盘行动、剩菜打包;餐饮外卖平台也应在订单页面提示消费者适量点餐。

第二款则鼓励餐厨垃圾产生单位利用新技术、新设备,将隔油池中的油水混合物进行油水分离,提升餐厨垃圾资源回收利用率;严禁将餐厨废水、残渣等倾倒入市政雨(污)水管道中。

第四章　分类投放

> **第二十五条**　产生生活垃圾的单位和个人是生活垃圾分类投放的责任主体，应当依法在指定的地点将生活垃圾分类投放至相应的收集容器。其中，可回收物可以交售给再生资源回收经营者。
>
> 废旧家具等体积大、整体性强的大件垃圾，应当投放至管理责任人指定地点或者预约回收。
>
> 禁止随意倾倒、抛撒、堆放或者焚烧生活垃圾。禁止将生活垃圾投入市政雨（污）水管道。

【释义】

本条是关于分类投放责任主体的规定。

《中华人民共和国固体废物污染环境防治法》规定，产生生活垃圾的单位、家庭和个人应当依法履行生活垃圾源头减量和分类投放义务，承担生活垃圾产生者责任。任何单位和个人都应当依法在指定的地点分类投放生活垃圾。禁止随意倾倒、抛撒、堆放或者焚烧生活垃圾。

生活垃圾分类投放是实现生活垃圾源头减量、分类收运处置的基础，明确生活垃圾分类投放的责任主体及其义务是落实生活垃圾分类投放工作的基本前提。本条在遵循上位法相关规定基础上,第一款将责任主体确定为产生生活垃圾的单位和个人,明确分类投放责任主体依法定点分类投放生活垃圾的义务,居民也有权直接交售可回收物。第二款针对日常生产生活中常见的大件垃圾的投放义务予以特别规定。在具体实践中,居民家庭的大件垃圾,能出售的可以预约回收,不能出售的需要自行投放至物业企业或者镇街、社区指定的地点。第三款通过禁止性提示规定,对违反生活垃圾分类投放义务要求的典型违法行为进行了专门性列举。

> **第二十六条** 餐厨垃圾产生单位应当定期向所在地的区县(自治县)城市管理主管部门申报餐厨垃圾的种类、数量等基本情况,并按照下列规定投放餐厨垃圾:
>
> (一)设置符合标准的餐厨垃圾收集专用容器,保持收集容器完好、密闭、整洁,按照约定时间将收集容器放置于指定收集地点,并保持容器摆放用地周边干净、整洁,其他时间段应当将收集容器放置于单位内;
>
> (二)按照环境保护管理的有关规定,安装油水分离器或者隔油池等污染防治设施;
>
> (三)将餐厨垃圾交给符合规定的收集、运输单位。

【释义】

本条是关于餐厨垃圾产生单位投放要求的规定。

餐饮经营活动中产生的餐厨垃圾数量较多,有必要对产生餐厨垃圾单位的投放管理予以专门性规定。《重庆市餐厨垃圾管理办法》(重庆市人民政府令第226号)对重庆市餐厨垃圾投放管理等进行了规定。结合实践经验,《重庆市生活垃圾管理条例》在确定餐厨垃圾产生单位向主管部门定期申报餐厨垃圾种类、数量等基本情况的义务的基础上,对部分投放管理要求进行了具体明确。第一款专门明确餐厨垃圾产生单位设置专用容器、维护容器,维持周边环境整洁,定时将容器放置于收集地点以及收集时段外放置于单位内的义务,重点是为了保证市容环境卫生。第二款明确餐厨垃圾产生单位在排放废水前安装油水分离器或者隔油池等污染防治设施的义务,防止废弃油脂进入市政雨(污)水管道中,推进餐厨垃圾源头减量。第三款明确餐厨垃圾产生单位只能将产生的餐厨垃圾交给符合规定的收运单位,确保合法收运处置。

第二十七条 本市实行生活垃圾管理责任人(以下简称"管理责任人")制度,管理责任人按照下列规定确定:

(一)国家机关、企业事业单位、社会团体和其他组织的办公场所,其单位委托物业服务企业实施物业管理的,物业服务企业为管理责任人;单位自行管理的,单位为管理责任人。

(二)住宅小区由业主委托物业服务企业实施物业管理的,物业服务企业为管理责任人。

(三)道路、广场、公园、公共绿地、公共水域等公共场所,其管理部门委托服务单位管理的,服务单位为管理责任人;管理部门自行管理的,管理部门为管理责任人。

(四)机场、客运站、轨道交通站点以及旅游、文化、体育、娱乐、商业等公共场所,其经营管理单位委托的物业服务企业实施物业管理的,物业服务企业为管理责任人;经营管理单位自行管理的,经营管理单位为管理责任人。

按照前款规定无法确定管理责任人的,由所在地街道办事处、乡镇人民政府确定管理责任人并向责任区域公示。跨行政区域的,由共同的上一级城市管理主管部门确定并向责任区域公示。

街道办事处、乡镇人民政府应当对所辖区域内管理责任人履行管理责任的情况进行监督。

【释义】

本条是关于管理责任人的确定的规定。

生活垃圾管理责任人是落实生活垃圾分类投放管理的责任主体,应通过科学、合理、明确的方式确定管理责任人,为开展分类投放管理工作

提供基础保障。参照其他先进城市相关法规和经验，本条第一款按照"实行物业管理的区域，物业服务单位为管理责任人；未进行物业管理的，相关区域管理责任单位为管理责任人"的原则，确定了办公场所、住宅小区以及各类公共场所的管理责任人。比如街道办事处办公区域，如果垃圾收集等工作是委托物业实施的，物业企业就是该街道办事处的垃圾分类管理责任人；如果垃圾收集工作由单位内部职工自行负责，该街道办事处就是本单位垃圾分类管理责任人。本条第二款针对无法确定具体管理责任人、跨区域管理的情形，赋予街道办事处、乡镇人民政府和共同的上一级城市管理部门确定并公示管理责任人的职权。本条第三款明确街道办事处、乡镇人民政府对辖区垃圾分类工作具体管理、对管理责任人进行监督的义务。

第二十八条 管理责任人应当遵守下列规定：

（一）建立生活垃圾分类日常管理制度。

（二）开展生活垃圾分类知识宣传普及，引导、监督单位和个人实施生活垃圾分类。

（三）按照国家及本市要求，在责任区域内指定生活垃圾分类投放地点；根据不同种类生活垃圾产生量，合理放置可回收物、有害垃圾、厨余垃圾、其他垃圾四类收集容器；厨余垃圾产生量较多的，应当增加厨余垃圾收集容器数量。

（四）保持分类收集容器齐全、完好、整洁，出现破旧、污损、溢出或者数量不足的，及时维修、更换、清理或者补设，并保持生活垃圾分类收集容器周边环境整洁。

（五）分类收集生活垃圾，将分类投放的生活垃圾交给符合规定的单位分类收集、运输，并签订生活垃圾收集运输服务合同。

（六）及时制止混合已分类生活垃圾的行为。

（七）国家和本市的其他规定。

管理责任人发现生活垃圾投放不符合分类要求的，有权要求投放人改正；投放人拒不改正的，管理责任人应当向城市管理主管部门报告。

【释义】

本条是关于管理责任人义务的规定。

清晰、合理的管理义务是生活垃圾管理责任人开展管理工作、落实管理要求的前提。

本条第一款明确了管理责任人在生活垃圾分类日常管理制度设置，生活垃圾分类宣传、引导和监督，分类收集容器设置，分类收集容器管理，生活垃圾分类收集和运输以及制止混合已分类生活垃圾等方面的义务。生活垃圾分类日常管理制度主要包括垃圾投放点清扫保洁和现场值守、

垃圾清运频次、清扫保洁人员管理、垃圾分类责任人公示等制度。生活垃圾管理责任人开展宣传引导主要采取入户宣传、桶边值守宣传、电梯广告、公示栏、标语横幅、举办活动等方式。生活垃圾管理责任人设置生活垃圾投放设施，应当结合生活垃圾产生类别、产生量等实际情况，按照《重庆市城市生活垃圾分类收运设施配置及管理导则》要求予以配置，比如一个小区一般设置1~2个有害垃圾投放点，小区楼栋下垃圾投放点主要设置厨余垃圾、其他垃圾投放容器，小区内部地面公共区域一般设置其他垃圾、可回收物收集容器（果皮箱）。生活垃圾收集点（容器）标志标识应当符合《生活垃圾分类标志》（GB/T 19095—2019）的标准，且设施设备无破损，垃圾无散落，无明显水渍、异味等。

本条第二款赋予管理责任人要求投放主体改正不符合分类规定的投放行为的权力，并在投放主体拒不改正时，向城市管理主管部门报告。

第二十九条 市城市管理主管部门应当建立生活垃圾分类指导员制度。

区县（自治县）城市管理主管部门应当指导街道办事处、乡镇人民政府设立生活垃圾分类指导员，引导社会力量参与生活垃圾分类指导、监督工作。

【释义】

本条是关于分类指导员的规定。

生活垃圾分类指导员制度是重庆市生活垃圾管理工作中的创新性举措。从国内其他地区生活垃圾分类管理经验以及重庆市先期试点情况可知，实施生活垃圾分类指导员制度是提升居民垃圾分类知晓率、参与率和投放准确率的重要举措。本条第一款规定建立生活垃圾分类指导员制度的职责由市城市管理主管部门承担，本条第二款要求区县（自治县）城市管理主管部门应当通过指导街道办事处、乡镇人民政府设立生活垃圾分类指导员的方式，引导社会力量深入参与生活垃圾分类指导、监督工作。

> **第三十条** 鼓励志愿服务组织和志愿者开展生活垃圾源头减量、分类投放的宣传、示范和监督等活动，参与生活垃圾治理。

【释义】

本条是关于志愿参与的规定。

《中华人民共和国固体废物污染环境防治法》规定，生活垃圾分类坚持政府推动、全民参与、城乡统筹、因地制宜、简便易行的原则。广泛的公众参与是推进生活垃圾分类管理的重要支撑，志愿服务组织和志愿者的参与是公众参与的关键组成。本条通过激励性条款的形式，明确对志愿服务组织和志愿者通过开展生活垃圾源头减量、分类投放的宣传、示范和监督等活动参与生活垃圾管理的鼓励和支持。

第五章　清扫、收集、运输和处理

> **第三十一条**　从事生活垃圾经营性清扫、收集、运输和处理的单位，应当按照国家规定依法取得相应许可证。

【释义】

本条是关于生活垃圾经营服务许可的规定。

城市生活垃圾经营性服务是指从事城市生活垃圾清扫、收集、运输、处置的市场化运作行为。依据《国务院决定对确需保留的行政审批项目设定行政许可的目录》中第102项"从事城市生活垃圾经营性清扫、收集、运输、处理服务审批"和住房城乡建设部规章《城市生活垃圾管理办法》第十七条、第十八条、第十九条、第二十条、第二十一条、第二十五条、第二十七条、第二十八条等制定本条。

一、生活垃圾经营性清扫、收集、运输、处理服务行政许可办理流程

生活垃圾经营性清扫、收集、运输、处理服务行政许可办理流程依次为：申请人申请、网上受理、初审及现场勘查、材料复核、准予发证。法定办理时限为20个工作日。同时，为优化营商环境，进一步简化审批程序、

缩短办理时限，重庆市从事城市生活垃圾经营性清扫、收集、运输、处理服务审批适用于告知承诺制，办理形式可实现全程网上办理。

二、申请生活垃圾经营性清扫、收集、运输服务行政许可需提交的材料

申请生活垃圾经营性清扫、收集、运输服务行政许可需提交的材料包括：（一）申请书；（二）企业法人营业执照或统一社会信用代码；（三）企业法定代表人身份证；（四）车辆行驶证；（五）车辆照片；（六）机械设备配备情况说明；（七）固定办公和机械设备停放场地证明；（八）作业技术、质量和安全生产等企业管理制度；（九）餐厨垃圾和餐厨废弃食用油脂收集、运输还需提供申办企业与符合规定的合法处置单位签订的书面协议等证明合法处置去向的材料。

三、申请生活垃圾经营性处置服务行政许可需提交的材料

申请生活垃圾经营性处置服务行政许可需提交的材料包括：（一）申请书；（二）企业法人营业执照或统一社会信用代码；（三）企业法定代表人身份证；（四）专业技术人员专业职称证明；（五）环保验收证明和环境监测方案；（六）运行管理手册和计量统计方案及设备保养维修计划；（七）安全生产方案、控制污染和突发事件的应急预案；（八）产品质量保证及售后服务方案；（九）焚烧炉飞灰、炉渣的处理方案和填埋气收集利用规划，以及相关的环保材料使用消耗情况；（十）采用填埋处理技术的还应提供按垃圾种类分区填埋的规划方案和填埋场封场规划。

> **第三十二条** 市、区县（自治县）、街道（乡镇）、村（社区）应当建立生活垃圾清扫保洁制度，明确清扫保洁区域和作业要求。

【释义】

本条是关于生活垃圾清扫保洁制度的规定。

一、清扫保洁责任分工与划分原则

依据《城市市容和环境卫生管理条例》《重庆市市容环境卫生管理条例》等相关规定，市容环境卫生管理实行责任区制度。按国家行政建制设立的市的主要街道、广场和公共水域的环境卫生，由环境卫生专业单位负责。居住区、街巷等地方，由街道办事处负责组织专人清扫保洁。因此，各级政府应当建立清扫保洁制度，划分具体责任单位、责任区域，明确作业要求，保证生活垃圾及时清扫收集。

二、清扫保洁相关标准规范

国家和重庆市现行关于清扫保洁的标准规范包括：《城镇市容环境卫生劳动定额》（HLD 47-101-2008）、《城市道路清扫面积测算方法》（CJ/T 277—2008）、《城市道路清扫保洁与质量评价标准》（CJJ/T 126—2022）、《城乡市容环境卫生管理作业规范》、《城市水域保洁作业及质量标准》（CJJ/T 174—2013）等。

> **第三十三条** 已经分类投放的生活垃圾,应当按照规定分类收集、分类运输、分类处理。禁止将已分类投放的生活垃圾混合收集、运输和处理。生活垃圾以外的其他固体废物应当按照国家有关规定收集、运输和处理,严禁混入生活垃圾。
>
> 收集、运输和处理单位发现生活垃圾不符合分类要求的,以及管理责任人发现收集、运输单位违反生活垃圾分类收集、运输要求的,应当向城市管理主管部门报告。城市管理主管部门应当及时处置。

【释义】

本条是关于生活垃圾分类收集、分类运输和分类处理要求的规定。

对分类后的生活垃圾作出两个层面的要求:一是分类后的四类生活垃圾应实现单独的收运处理,禁止先分后混,避免垃圾分类弄虚作假、流于形式;二是贯彻《中华人民共和国固体废物污染环境防治法》等相关规定,严禁生活垃圾以外的其他固体废物混入生活垃圾收集、运输、处理,防止环境污染转移、转嫁。

> **第三十四条** 生活垃圾应当按照下列要求进行分类收集、运输:

(一)对可回收物、有害垃圾实行预约或者定期收集、运输。

(二)对厨余垃圾实行每日定时定点收集、运输。

(三)对其他垃圾实行每日定时定点收集、运输;没有条件的农村地区,实行定期收集、运输。

废旧家具等体积大、整体性强的大件垃圾,实行预约或者定期收集、运输。

【释义】

本条是关于生活垃圾收集、运输方式的规定。

为便于生活垃圾收运实际操作,根据生活垃圾类别,规定不同的收运方式:对于回收利用体系较为成熟的可回收物、数量较少的有害垃圾、大件垃圾,实行预约或者定期收运;对于数量较多的厨余垃圾、其他垃圾实行每日定时定点收运,严格落实"日产日清"制度;此外,在一些偏远、垃圾产量小的农村地区,按照因地制宜的原则,同样实行定期收运。

第三十五条 生活垃圾应当按照下列要求进行分类处理:

(一)可回收物交由再生资源回收经营者或者资源综合利用企业进行回收利用;

(二)有害垃圾按照国家有关规定进行无害化处理;

（三）厨余垃圾优先采用生化处理、堆肥等方式进行资源化利用或者无害化处理，农村地区可以就近就地处理；

（四）其他垃圾优先采用焚烧发电、卫生填埋等方式进行无害化处理。

废旧家具等体积大、整体性强的大件垃圾应当进行定点回收或者拆解分类利用和无害化处理。

【释义】

本条是关于生活垃圾分类处理方式的规定。

针对可回收物、有害垃圾、厨余垃圾和其他垃圾等不同类型生活垃圾分别进行规定：

（一）按照《再生资源回收管理办法》等有关规定，可回收物交由再生资源回收经营者或者资源综合利用企业进行回收利用；

（二）按照《国家危险废物名录》、重庆市生态环境局等三部门《关于进一步规范有害垃圾分类管理工作的通知》（渝环〔2019〕147号）等有关要求，有害垃圾按照所属危险废物类别及豁免管理清单要求，实现分类别无害化处置；

（三）按照《关于加快推进城镇环境基础设施建设指导意见》《"十四五"城镇生活垃圾分类和处理设施发展规划》《重庆市城乡环境卫生发展"十四五"规划》等要求，以及《餐厨垃圾处理技术规范》（CJJ 184—2012）、

《生活垃圾堆肥处理技术规范》(CJJ 52—2014)等标准规范,厨余垃圾应优先采用生化处理、堆肥等方式进行资源化利用或者无害化处理,农村地区按照因地制宜的原则实行就近就地处理;

(四)按照《关于加快推进城镇环境基础设施建设指导意见》、住房和城乡建设部、国家发展改革委、国土资源部、环境保护部《关于进一步加强城市生活垃圾焚烧处理工作的意见》(建城〔2016〕227号)及《"十四五"城镇生活垃圾分类和处理设施发展规划》《重庆市城乡环境卫生发展"十四五"规划》等要求,其他垃圾优先采用焚烧发电、卫生填埋等方式进行无害化处理;

(五)按照《大件垃圾收集和利用技术要求》(GB/T 25175—2010)有关规定,废旧家具等体积大、整体性强的大件垃圾实行回收、拆解利用以及无害化处理。

> **第三十六条** 生活垃圾清扫、收集、运输单位应当遵守下列规定:
>
> (一)在规定的时间内及时清扫,分类收集、运输生活垃圾;
>
> (二)收集、运输工具应当密闭、整洁,并在显著位置标明所运输生活垃圾的类别;
>
> (三)将生活垃圾运输到指定转运站或者处理场所;
>
> (四)根据生活垃圾分类类别、收运量、作业时间等合理配

置符合标准的收集工具、运输车辆,确定运输频次;

(五)建立管理台账,如实记录生活垃圾的来源、种类、数量、去向等内容;

(六)制定应急预案,并报市城市管理主管部门备案;

(七)执行其他操作规程和行业规范。

【释义】

本条是关于生活垃圾清扫、收集、运输单位应履行的义务的规定。

依据《中华人民共和国固体废物污染环境防治法》第十九条、第二十条,《城市生活垃圾管理办法》第十九条、第二十条、第二十一条等有关规定,明确生活垃圾清扫、收集、运输单位应履行的义务,主要包括:一是按标准规范配置设施机具;二是按规程和环保要求实施作业;三是建立管理台账,便于主管部门监管;四是制定应急预案,防止突发事故等影响生活垃圾的清扫、收集、运输。

第三十七条 生活垃圾集中转运设施的运营管理单位应当遵守下列规定:

(一)按照规定分类接收、规范存放、分类转运生活垃圾;

(二)厨余垃圾和其他垃圾应当密闭存放,存放时间不得超

过二十四小时；

（三）按照规定配备相应的环保设施设备，规范处理生活垃圾转运过程中产生的污染物；

（四）制定应急预案，并报市城市管理主管部门备案；

（五）执行其他操作规程和行业规范。

农村生活垃圾集中转运设施的运营管理单位可以根据生活垃圾类别和收运量适当延长存放时间。

【释义】

本条是关于生活垃圾集中转运设施运营管理单位应履行的义务的规定。

生活垃圾集中转运已成为生活垃圾管理的重要环节，依据《中华人民共和国固体废物污染环境防治法》第十九条、第二十条，《城市生活垃圾管理办法》第十九条、第二十条、第二十一条、第二十三条等有关规定，本条例新增一条，明确生活垃圾集中转运设施运营管理单位应履行的义务。同时，规定生活垃圾产量相对较少的农村地区，生活垃圾集中转运设施运营管理单位可以按照因地制宜原则，适当延长存放时间。

第三十八条 生活垃圾处理单位应当遵守下列规定：

（一）按照规定分类接收并分类处理生活垃圾；

（二）按照规定配备相应的环保设施设备，规范处理生活垃圾处理过程中产生的污染物；

（三）按照规定安装使用监测设备，实时监测污染物的排放情况，将污染排放数据实时公开，并与生态环境部门联网；

（四）建立管理台账，如实记录每日进场的生活垃圾运输单位以及生活垃圾来源、种类、数量等内容；

（五）不得擅自处理市外生活垃圾和生活垃圾以外的其他固体废物；

（六）制定应急预案，并报市城市管理主管部门备案；

（七）执行其他操作规程和行业规范。

【释义】

本条是关于生活垃圾处理单位应履行的义务的规定。

依据《中华人民共和国固体废物污染环境防治法》第十九条、第二十条、第五十六条，《城市生活垃圾管理办法》第二十四条、第二十七条、第二十八条等有关规定，明确生活垃圾处理单位应履行的义务，主要包括：一是按规范配置设施设备；二是按规程实施作业；三是按环保标准治理污染物并实时监测、公开污染物排放数据；四是建立管理台账，便于主管部门监管;五是不得擅自处理市外生活垃圾和生活垃圾以外的其他固体废物,可回收物除外;六是制定应急预案,防止突发事故等影响生活垃圾处理。

> **第三十九条** 市、区县(自治县)城市管理主管部门应当会同相关部门编制生活垃圾应急预案,建立生活垃圾清扫、收集、运输和处理应急机制。

【释义】

本条是关于生活垃圾管理应急机制的规定。

一、保障城市运行安全

建立生活垃圾管理应急机制,进一步提升城市运行风险治理能力和应对生活垃圾突发事件能力,防止"垃圾围城"现象发生,依据《中华人民共和国突发事件应对法》第十七条、《城市生活垃圾管理办法》第三十六条规定,要求市、区县(自治县)两级城市管理主管部门会同应急管理、生态环境部门编制生活垃圾应急预案,建立生活垃圾清扫、收集、运输和处理应急机制。

二、生活垃圾应急预案编制内容

生活垃圾突发事件指因自然灾害、事故灾难、公共卫生事件和社会安全事件等造成生活垃圾收运处理设施无法正常收运处理生活垃圾的特殊情况,生活垃圾应急预案即应对生活垃圾突发事件的预案。市级生活垃圾应急预案侧重于评估全市整体生活垃圾收运处理能力,建立完善服务全市乃至成渝地区双城经济圈的应急管理工作指挥系统、预警机制、处置程序、应急保障及事后恢复措施;区县(自治县)生活垃圾应急预案应以市级预案为指导,细化本辖区及毗邻区域应急管理工作职责、预警机制、处置程序、应急保障及事后恢复措施等内容。

> **第四十条** 本市按照区域统筹、设施共享的原则,逐步建立生活垃圾异地处理补偿机制。
>
> 生活垃圾移出地区县(自治县)人民政府应当根据转移处理量向接受地区县(自治县)人民政府支付生活垃圾异地处理补偿费或者以其他方式进行补偿。

【释义】

本条是关于生活垃圾异地处理补偿的规定。

根据《中华人民共和国固体废物污染环境防治法》《关于加快推进城镇环境基础设施建设指导意见》《"十四五"城镇生活垃圾分类和处理设施发展规划》等有关规定,鼓励相邻地区统筹生活垃圾处理设施建设,促进生活垃圾处理设施跨行政区域共建共享。

生活垃圾异地处理指生活垃圾产生地(移出地)将其生活垃圾运往建有垃圾终端处理设施的区域(接受地)进行处理。生活垃圾移出地(政府)

根据转移的生活垃圾处理量向接受地（政府）支付生活垃圾异地处理补偿费或者以其他方式进行补偿，弥补由于垃圾导入、处理给接受地环境、社会发展等造成的负面影响。生活垃圾接受地（政府）利用生活垃圾异地处理补偿费，进一步完善垃圾终端处理设施周边市政配套、开展周边环境整治与居民生态补偿，以促进垃圾终端处理设施所在地社会经济生态的协调发展。目前，重庆市已出台《重庆市中心城区生活垃圾收运处理异地补偿办法》（渝财公〔2020〕20号）和《重庆市中心城区生活垃圾收运处理异地补偿资金管理实施办法》（渝财公〔2020〕46号），中心城区生活垃圾异地处理补偿标准为80元/吨。

第六章　资源化利用

> **第四十一条**　循环经济发展综合管理部门应当会同有关部门制定循环经济发展扶持政策，支持符合城市功能需要和相关产业发展导向的可回收物回收利用项目，鼓励使用生活垃圾资源化利用产品。

【释义】

本条是关于资源化利用政策支持的规定。

《中华人民共和国循环经济促进法》规定，县级以上人民政府应当统筹规划区域经济布局，合理调整产业结构，促进企业在资源综合利用等领域进行合作，实现资源的高效利用和循环使用。各类产业园区应当组织区内企业进行资源综合利用，促进循环经济发展。

推行垃圾分类制度，不仅能实现资源循环利用，推动经济社会可持续发展，对促进生态文明建设也具有现实意义。本条明确了循环经济发展综合管理部门的职责，要求支持可回收物回收，鼓励使用生活垃圾资源化利用产品，为提升生活垃圾回收利用率、畅通生活垃圾资源化利用产品推广应用渠道提供政策支撑。

> **第四十二条** 商务部门应当会同城市管理、供销合作组织等部门或者单位完善再生资源回收体系,优化再生资源回收网络,推进再生资源回收利用与生活垃圾收集、运输相衔接,将回收统计数据纳入生活垃圾统计内容。
>
> 鼓励可回收物利用企业、物业服务企业、商场、超市、便利店、快递收发点等设立回收点,采用以旧换新、积分兑换等方式开展可回收物回收。
>
> 鼓励有条件的区县(自治县)人民政府出台低价值可回收物资源化利用支持政策。

【释义】

本条是关于再生资源回收体系建设的规定。

《中华人民共和国循环经济促进法》规定,国家鼓励和推进废物回收体系建设。地方人民政府应当按照城乡规划,合理布局废物回收网点和交易市场,支持废物回收企业和其他组织开展废物的收集、储存、运输及信息交流。废物回收交易市场应当符合国家环境保护、安全和消防等规定。国家鼓励通过以旧换新、押金等方式回收废物。

加强可回收物回收利用,推动"两网融合"工作,是垃圾分类的重要内容,也是实现资源循环利用的现实需要。本条第一款明确了商务部门、城市管理、供销合作组织等部门或者单位的职责,要求完善再生资源回收体系,整合数据统计渠道,有效提升重庆市生活垃圾回收利用率。第二款鼓励可回收物利用企业、物业服务企业、商场、超市、便利店、快递收发点等在再生资源回收体系建设中发挥作用,采用多种方式开展可回收物回收,提升"两网融合"水平。第三款围绕提升低价值可回收物回收水平,鼓励区县(自治县)出台支持政策,通过政府扶持、引导等方式,解决完全靠市场行为企业参与度不高的难题。

> **第四十三条** 对列入国家强制回收目录的产品和包装物,生产者、销售者应当按照规定进行回收和处理。
>
> 鼓励生产者、销售者通过自主回收、联合回收或者委托回收等模式,提高废弃产品和包装物的回收再利用率。
>
> 市邮政管理部门应当指导邮政、快递企业对可回收包装物进行回收再利用。

【释义】

本条是关于生产者、销售者回收要求的规定。

《中华人民共和国循环经济促进法》规定,生产列入强制回收名录的产品或者包装物的企业,必须对废弃的产品或者包装物负责回收。

《中华人民共和国固体废物污染环境防治法》规定,产品和包装物的设计、制造,应当遵守国家有关清洁生产的规定。生产、销售、进口依法被

列入强制回收目录的产品和包装物,相关企业应当按照国家有关规定对该产品和包装物进行回收。电子商务、快递、外卖等行业应当优先采用可重复使用、易回收利用的包装物,优化产品包装,减少包装物的使用,并积极回收利用包装物。国家鼓励和引导消费者使用绿色包装和减量包装。

《快递暂行条例》规定,国家鼓励经营快递业务的企业和寄件人使用可降解、可重复利用的环保包装材料,鼓励经营快递业务的企业采取措施回收快件包装材料,实现包装材料的减量化利用和再利用。

本条在遵循上位法相关规定基础上,第一款首先明确了产品和包装物的强制回收制度。产品和包装物的强制回收制度是生产者责任延伸制度的具体体现。按照生产者责任延伸制度,产品的生产者不仅要对生产产品的质量瑕疵以及生产过程中造成的环境污染负责,还要承担产品或包装物废弃后回收利用或者处置责任。第二款对产品和包装物回收方式进行了鼓励性规范,提高废弃产品和包装物的回收再利用率。电子商务、快递等行业的包装物污染已经成为当前污染的重要类型,《中华人民共和国固体废物污染环境防治法》要求县级以上地方人民政府商务、邮政等主管部门应当加强监督管理,第三款明确了市邮政管理部门对邮政、快递企业对可回收包装物进行回收再利用的指导职责,要求市邮政管理部门加强指导,以促进邮政、快递企业对可回收包装物进行回收再利用。

> **第四十四条** 再生资源回收经营者应当按照国家和本市有关要求,将可回收物交由可回收物利用企业进行资源化利用。
>
> 商务、经济信息、城市管理、供销合作组织等部门或者单位应当对可回收物资源化利用活动进行监督指导。

【释义】

本条是关于可回收物利用的规定。

《再生资源回收管理办法》规定,再生资源,是指在社会生产和生活消费过程中产生的,已经失去原有全部或部分使用价值,经过回收、加工处理,能够重新获得使用价值的各种废弃物。再生资源包括废旧金属、报废电子产品、报废机电设备及其零部件、废造纸原料(如废纸、废棉等)、废轻化工原料(如橡胶、塑料、农药包装物、动物杂骨、毛发等)、废玻璃等。生活垃圾中的可回收物也属于再生资源,本条第一款规定再生资源回收经营者应当按照国家和本市有关要求,将可回收物交由可回收物利用企业进行资源化利用。

《再生资源回收管理办法》规定,商务主管部门是再生资源回收的行业主管部门,负责制定和实施再生资源回收产业政策、回收标准和回收行业发展规划。发展改革部门负责研究提出促进再生资源发展的政策,组织实施再生资源利用新技术、新设备的推广应用和产业化示范。公安机关负责再生资源回收的治安管理。工商行政管理部门负责再生资源回收

经营者的登记管理和再生资源交易市场内的监督管理。环境保护行政管理部门负责对再生资源回收过程中环境污染的防治工作实施监督管理,依法对违反污染环境防治法律法规的行为进行处罚。建设、城乡规划行政管理部门负责将再生资源回收网点纳入城市规划,依法对违反城市规划、建设管理有关法律法规的行为进行查处和清理整顿。因此,本条第二款明确了商务、经济信息、城市管理、供销合作组织等部门或者单位对可回收物资源化利用活动进行监督指导的职责。

> **第四十五条** 鼓励单位和个人使用可循环利用的产品,通过线上、线下交易等方式,促进闲置物品再使用。

【释义】

本条是关于闲置物品再使用的规定。

闲置物品再使用是推动循环经济发展的重要方式。《国家发展改革委等部门关于加快废旧物资循环利用体系建设的指导意见》(发改环资〔2022〕109号)明确要求推动二手商品交易。一是丰富二手商品交易渠道。鼓励"互联网+二手"模式发展,促进二手商品网络交易平台规范发展,提高二手商品交易效率。支持线下实体二手市场规范建设和运营,鼓励建设集中规范的"跳蚤市场"。有条件的地区可建设集中规范的车辆、家电、手机、家具、服装等二手商品交易市场和交易专区。鼓励社区建设二手商品寄卖店、寄卖点,定期组织二手商品交易活动,促进居民家庭闲置物品交易和流通。鼓励各级学校设置旧书分享角、分享日,促进广大师生旧书交换使用。二是完善二手商品交易管理制度。建立健全二手商品交易规则,明确相关市场主体权利义务。推动二手商品交易诚信体系建设,加强交易平台、销售者、消费者、从业人员信用信息共享。分品类完善二手商品鉴定、评估、分级等标准体系。完善二手商品评估鉴定行业人才培养和管理机制,培育权威的第三方鉴定评估机构。完善计算机类、通信类和消费类电子产品信息清除标准规范。推动落实取消二手车限迁政策。研究解决二手商品转售、翻新等服务涉及的知识产权问题。因此,本条例鼓励单位和个人使用可循环利用的产品,通过线上、线下交易等方式,促进闲置物品再使用。

第四十六条 市、区县(自治县)人民政府相关部门应当鼓励在公共绿地、公益林的土壤改良中优先使用厨余垃圾资源化利用产品,支持厨余垃圾资源化利用产品在农业生产领域的推广应用。

【释义】

本条是关于厨余垃圾资源化利用的规定。

《中华人民共和国固体废物污染环境防治法》规定,县级以上地方人

民政府环境卫生主管部门负责组织开展厨余垃圾资源化、无害化处理工作。《关于进一步推进生活垃圾分类工作的若干意见》中指出,"加快探索适合我国厨余垃圾特性的处理技术路线,鼓励各地因地制宜选用厨余垃圾处理工艺,着力解决好堆肥、沼液、沼渣等产品在农业、林业生产中应用的'梗阻'问题"。

随着社会经济的快速发展,人民生活水平日益提高,餐桌上的浪费愈加明显,酒店、学校、机关、餐饮企业等单位每天都会产生大量的厨余垃圾。同时,重庆市的餐饮行业具有浓郁的地方特色,尤其以火锅为主,产生的厨余垃圾具有高含水率、高含油率和高含盐率等特征。加强厨余垃圾资源化利用,畅通厨余垃圾资源化利用产品运用渠道更加重要。因此,本条明确要求市、区县(自治县)人民政府相关部门应当鼓励在公共绿地、公益林的土壤改良中优先使用厨余垃圾资源化利用产品,支持厨余垃圾资源化利用产品在农业生产领域的推广应用。

第四十七条 从生活垃圾中回收的物质应当按照国家规定的用途、标准使用,不得用于生产可能危害人体健康的产品。

城市管理主管部门应当加强对餐厨垃圾收集、运输、处理的全过程监管,促进餐厨垃圾资源化利用。禁止生产、销售、使用以废弃食用油脂为原料的食用油。

禁止畜禽养殖场、养殖小区利用未经无害化处理的厨余垃圾饲喂畜禽。

【释义】

本条是关于生活垃圾资源化利用的禁止性规定。

《中华人民共和国固体废物污染环境防治法》规定,从生活垃圾中回收的物质应当按照国家规定的用途、标准使用,不得用于生产可能危害人体健康的产品。禁止畜禽养殖场、养殖小区利用未经无害化处理的厨余垃圾饲喂畜禽。

生活垃圾中包含了可以再利用的物质,按照固体废物资源化的要求,对已经产生的生活垃圾应当加强回收与综合利用。同时,在回收和综合利用的过程中要避免二次污染、危害人体健康。因此,本条第一款要求,从生活垃圾中回收的物质应当按照国家规定的用途、标准使用,不得用于生产可能危害人体健康的产品。

对于生活垃圾中的厨余垃圾,特别是餐厨垃圾,如果被违规利用,用于制售"地沟油",将会造成明显危害。因此,本条第二款明确城市管理主管部门应当加强对餐厨垃圾收集、运输、处理的全过程监管职责,明确禁止生产、销售、使用以废弃食用油脂为原料的食用油。同时,本条第三款禁止畜禽养殖场、养殖小区利用未经无害化处理的厨余垃圾饲喂畜禽。

第七章　监督管理

> **第四十八条**　市、区县(自治县)人民政府应当建立健全生活垃圾管理的考核评价制度,并将考核结果纳入绩效考评体系。

【释义】

本条是关于生活垃圾管理考核评价的规定。

《中华人民共和国固体废物污染环境防治法》规定,地方各级人民政府对本行政区域固体废物污染环境防治负责。国家实行固体废物污染环境防治目标责任制和考核评价制度,将固体废物污染环境防治目标完成情况纳入考核评价的内容。

目前,将生活垃圾管理纳入各区县政府、市级部门考评体系,主要体现在综合采用专业监督检查、第三方评价和社会监督等工作手段,对目标完成、体系建设、资金保障等相关方面开展考评。考评的结果运用主要体现在区县经济社会发展考核或其他有关考核中予以加分,如《重庆市人民政府办公厅关于印发2021年激励支持真抓实干成效明显地方若干措施的通知》(渝府办发〔2021〕83号)就规定,对落实生活垃圾分类处理等工作措施实、效果好,形成可复制、可推广经验的区县和国家级开发开放平台,在区县经济社会发展考核或其他有关考核中予以加分。

> **第四十九条** 本市群众性精神文明创建活动、卫生创建活动、绿色生活创建行动,以及生态文明先行示范区、生态文明建设示范区、园林城市、全域旅游示范区等创建活动中,应当将生活垃圾分类管理相关情况纳入评选标准。

【释义】

本条是关于将生活垃圾分类管理纳入创建活动评选指标的规定。

我国执行严格的评比达标表彰的审查制度,全国创建示范活动保留项目需报经全国评比达标表彰工作协调小组批准,各地各相关部门要严格按照目录内的项目开展工作,建立健全科学规范、公正合理、与时俱进的考评指标体系。全国文明城市、全国文明村镇、国家园林城市、国家卫生城镇等创建活动均是目前全国创建示范活动保留项目目录内容。

实施生活垃圾分类,可以有效改善城乡环境,促进资源回收利用,加快"两型社会"建设,提高新型城镇化质量和生态文明建设水平。生活垃圾分类管理相关情况也是该地区群众性精神文明创建活动、卫生创建活动、绿色生活创建行动,以及生态文明先行示范区、生态文明建设示范区、园林城市、全域旅游示范区等创建活动的重要体现。因此,本条规定将生

活垃圾分类管理相关情况纳入群众性精神文明创建活动等评选标准。这也从另一个方面反映了生活垃圾分类管理工作的重要性。

> **第五十条** 城市管理主管部门应当建立生活垃圾计量称重系统,对生活垃圾运输量和处理量进行在线管理,对生活垃圾运输实施调度。
>
> 环境卫生监测单位应当加强对生活垃圾分类效果、收运过程污染和处理设施运行安全的监督性监测,监测数据按照规定向社会公布。

【释义】

本条是关于生活垃圾计量管理与监测的规定。

《重庆市市容环境卫生管理条例》规定,市容环境卫生主管部门对生活垃圾、粪便无害化处理实行监测统计制度。环境卫生监测单位应当加强对生活垃圾、粪便处理质量及设施运行安全的监测,其监测数据作为城市环境综合整治的重要依据,定期向社会公布。

生活垃圾计量称重是通过建立台账制度,记录生活垃圾的种类、数量、去向,是加强生活垃圾管理的重要举措。因此,本条明确城市管理主管部门建立生活垃圾计量称重系统的职责,对生活垃圾运输量和处理量进行在线管理,对生活垃圾运输实施调度。同时,本条明确环境卫生监测单位对生活垃圾分类效果、收运过程污染和处理设施运行安全的监督性监测职责，推动对生活垃圾的管理。

> **第五十一条** 城市管理主管部门应当建立生活垃圾全过程管理信息系统，与生态环境、市场监管、商务等部门实现生活垃圾管理数据共享互通。

【释义】

本条是关于生活垃圾信息化管理的规定。

提高大数据运用能力，增强政府服务和监管的有效性是当前政府治理的重要内容。通过建立生活垃圾全过程管理信息系统，与有关部门实现生活垃圾管理数据共享互通是实现生活垃圾收集、转移、处置等全过程监控和信息化追溯的有效方式，也是贯彻落实《中华人民共和国固体废物污染环境防治法》"推进固体废物收集、转移、处置等全过程监控和信息化追溯"的要求。

> **第五十二条** 城市管理主管部门会同生态环境、商务、市场监管、农业农村、机关事务管理等部门加强生活垃圾全过程联合监管。

> 城市管理、市场监管、农业农村等部门应当将厨余垃圾的处理和流向纳入日常监督管理范围;城市管理、公安、交通等部门应当加强对厨余垃圾收运车辆的执法检查。

【释义】

本条是关于生活垃圾管理工作协调机制的规定。

《中华人民共和国固体废物污染环境防治法》规定,县级以上地方人民政府应当建立生活垃圾分类工作协调机制,加强和统筹生活垃圾分类管理能力建设。

生活垃圾全过程管理涉及投放、清扫、收集、运输、处理以及资源化利用等环节,涉及城市管理、生态环境、商务、市场监管、农业农村、机关事务管理等众多部门,要实现部门间合作的有效顺畅,就必须建立工作协调机制,使各部门各司其职,实现部门协同,加强生活垃圾全过程联合监管。

厨余垃圾作为城市生活垃圾的一个重要范畴,本条第二款主要规定厨余垃圾管理中,城市管理、市场监管、农业农村、公安、交通等部门在不同环节和领域的职责,打击厨余垃圾非法收运行为,从而共同做好厨余垃圾监管工作。具体而言,如《重庆市餐厨垃圾管理办法》(市政府令第226号)规定市场监管部门的职能职责主要包括:负责餐饮消费环节的监督管理,依法查处餐厨垃圾产生单位以餐厨垃圾为原料制作食品的违法行为;

负责食品生产环节的监督管理,依法查处食品生产单位以餐厨垃圾为原料进行食品生产的违法行为;负责食品流通环节的监督管理,依法查处销售废弃食用油脂的违法行为。农业农村部门主要负责畜禽生产场所的监督管理,依法查处使用未经无害化处理的餐厨垃圾饲养畜禽的违法行为。

> **第五十三条** 城市管理主管部门应当依法对生活垃圾投放、收集、运输、处理开展监督检查,可以采取以下措施:
>
> (一)进行现场检查;
>
> (二)查阅、复制与被检查事项有关的文件、资料;
>
> (三)对用于违法活动的设施、设备、场所、工具、物品,依法予以查封、扣押;
>
> 检查人员进行现场检查,应当出示证件。对现场检查中知悉的商业秘密应当保密。有关单位和个人应当予以配合,如实反映情况,不得妨碍监督检查人员依法执行职务。

【释义】

本条是关于主管部门监督检查以及查封、扣押权的规定。

本条主要依据《中华人民共和国固体废物污染环境防治法》,"负有固体废物污染环境防治监督管理职责的部门,在各自职责范围内有权对从事产生、收集、贮存、运输、利用、处置固体废物等活动的单位和其他生产

经营者进行现场检查"的规定制度。

现场检查制度是环境保护制度的重要组成部分。现场检查可以督促被检查者遵守法律法规，帮助被检查者积极采取措施，加强管理，及时消除污染事故隐患，降低风险，减少污染物排放，从源头上防止固体废物污染环境，也可以及时发现违法行为，形成震慑。本条规定，主管部门可以查阅、复制与被检查事项有关的文件、资料，对用于违法活动的设施、设备、场所、工具、物品，依法予以查封、扣押。同时，本条还规定了检查人员的两项义务，一是应当出示证件，二是保守商业秘密。被检查单位和个人应当予以配合。

第五十四条 鼓励公众参与生活垃圾管理的监督活动，对违反生活垃圾管理规定的行为进行举报或者投诉。

城市管理主管部门应当向社会公布举报和投诉的方式，依法处理有关生活垃圾管理方面的举报和投诉。

【释义】

本条是关于生活垃圾管理社会监督的规定。

《中华人民共和国固体废物污染环境防治法》规定，任何单位和个人都有权对造成固体废物污染环境的单位和个人进行举报。生态环境主管部门和其他负有固体废物污染环境防治监督管理职责的部门应当将固体废物污染环境防治举报方式向社会公布，方便公众举报。

《条例》本条赋予公众对违反生活垃圾管理规定的行为进行举报或者投诉的权利。生活垃圾管理关系到公众健康和生态安全，关系到每个人的切身利益，对违反生活垃圾管理规定的行为进行举报或者投诉，是社会公众参与生活垃圾管理、进行社会监督的重要方式。因此，本条第二款规定，城市管理主管部门应当向社会公布举报和投诉的方式，便于社会公众参与。对于举报和投诉，主管部门应当及时依法处理，并及时向社会公众进行反馈。

第五十五条 单位违反本条例受到行政处罚的，执法机关应当按照规定将相关信息归集到本市公共信用信息平台。

市市场监管部门应当将城市管理主管部门提交的生活垃圾收集、运输和处理单位的行政处罚结果，纳入企业信用信息公示系统。

市住房城乡建设部门应当将相关执法部门提交的物业服务企业履行分类投放管理责任情况，纳入物业服务企业信用管理体系。

【释义】

本条是关于信用管理的规定。

信用记录制度是体现环境保护信息公开、社会共治原则的重要制度。《中华人民共和国固体废物污染环境防治法》规定，生态环境主管部门应当会同有关部门建立产生、收集、贮存、运输、利用、处置固体废物的单位和其他生产经营者信用记录制度，将相关信用记录纳入全国信用信息共享平台。同时，《国务院办公厅关于加快推进社会信用体系建设构建以信用为基础的新型监管机制的指导意见》（国办发〔2019〕35号）也指出，"以加强信用监管为着力点，创新监管理念、监管制度和监管方式，建立健全贯穿市场主体全生命周期，衔接事前、事中、事后全监管环节的新型监管机制，不断提升监管能力和水平，进一步规范市场秩序，优化营商环境，推动高质量发展"。2022年，中共中央办公厅、国务院办公厅印发《关于推进社会信用体系建设高质量发展促进形成新发展格局的意见》，进一步强调，围绕市场经济运行各领域各环节，对参与市场活动的企业、个体工商户、社会组织、机关事业单位以及自然人等各类主体，依法加强信用建设。

因此，本条首先明确单位违反本条例受到行政处罚的，执法机关应当按照规定将相关信息归集到本市公共信用信息平台。其次，市市场监管部门应当将城市管理主管部门提交的生活垃圾收集、运输和处理单位的行政处罚结果，纳入企业信用信息公示系统。最后，市住房城乡建设部门应当将相关执法部门提交的物业服务企业履行分类投放管理责任情况，纳入物业服务企业信用管理体系。通过将违反本《条例》受到行政处罚的单位的信息归集到本市公共信用信息平台，既可以教育引导督促相关单位守法经营，又可以为公众查询了解生产经营者的相关状况，对其进行监督提供平台和便利。通过不断完善信用记录，强化信用约束，建立健全不敢失信、不能失信、不想失信长效机制，使诚实守信成为市场运行的价值导向和各类主体的自觉追求。

第八章　法律责任

> **第五十六条**　国家机关、国家工作人员在生活垃圾管理工作中不履行、不正确履行职责的，由其上级主管机关、所在单位责令改正，视情节轻重，对负有责任的领导人员和直接责任人员依法给予处分或者处理。

【释义】

本条是关于公职人员未依法履职的法律责任的规定。

为体现权力与责任相统一的原则，同时考虑到相关法律法规和文件已对公职人员责任追究有详细规定，按照《中华人民共和国立法法》要求，《条例》对公职人员未依法履职的法律责任仅作原则性规定。本条所称国家机关、国家工作人员主要指《条例》第五条的有关政府部门或者组织中从事生活垃圾管理的公职人员。本条所称不履行、不正确履行职责主要包括：未按照规定履行改造生活垃圾源头减量以及分类投放、收集运输、处置、利用的监督管理职责；未按照要求落实生活垃圾处理设施建设；接到相关投诉、举报，未依法调查处理等。

> **第五十七条** 违反本条例规定,不缴纳或者少缴纳生活垃圾处理费的,由城市管理主管部门责令限期缴纳;逾期未缴纳的,处应当缴纳的生活垃圾处理费一倍以上三倍以下的罚款,但对单位罚款最高不超过三万元,对个人罚款最高不超过一千元。

【释义】

本条是关于不缴或者少缴生活垃圾处理费的法律责任的规定。

一、关于本违法行为的主体

根据本条规定,本违法行为的主体为一般主体,即本市范围内产生生活垃圾的党政机关、企事业单位、社会团体或者个人,都有可能成为本违法行为的主体。也就是说,只要实施了不缴纳或者少缴纳生活垃圾处理费的行为,就会成为本违法行为的主体,并可能受到处罚。

二、关于本违法行为的构成

根据本条规定,本违法行为的构成,为"不缴纳或者少缴纳生活垃圾处理费",具体包括两种情形,一是不缴纳生活垃圾处理费,二是少缴纳生活垃圾处理费,仅具其一即构成违法。

三、关于本违法行为的处罚

(一)关于责令限期改正。不缴纳或者少缴纳生活垃圾处理费属整改

前置类违法行为,责令限期缴费是给予罚款的前置流程,当事人责改期限内缴纳的,城市管理行政执法机关不得处罚。

(二)关于处罚具体内容。根据本条规定,对于满足处罚条件的,即"逾期未缴纳的",由城市管理行政执法机关,根据具体情节,结合城市管理行政处罚裁量基准,处未缴或者少缴生活垃圾处理费一倍以上三倍以下的罚款。

(三)关于罚款金额限制。参考《国务院关于贯彻实施〈中华人民共和国行政处罚法〉的通知》(国发〔1996〕13号)"非经营活动中的违法行为设定罚款不得超过1000元;对经营活动中的违法行为,有违法所得的,设定罚款不得超过违法所得的3倍,但是最高不得超过30000元"的精神,本条对罚款金额的上限作了规定,罚款金额不得超过其限制。

> **第五十八条** 新建、改建或者扩建的建设项目配套生活垃圾分类收集设施未达到规划设计要求,或者未与主体工程、首期工程同时交付使用的,由城市管理主管部门、规划自然资源部门根据职责分工,责令限期改正,可以处三万元以上十万元以下的罚款。

【释义】

本条是关于违反配建分类收集设施规定的法律责任的规定。

一、关于本违法行为的主体

根据本条规定,本违法行为的主体为特定主体,一般情况下为新建、改建或者扩建的建设项目业主,若配套生活垃圾分类收集设施为独立建设项目,且另有建设业主的,则该建设业主为违法行为的主体。

二、关于本违法行为的构成

根据本条规定,本违法行为的构成,为"建设项目配套生活垃圾分类收集设施未达到规划设计要求,或者未与主体工程、首期工程同时交付使用",具体包括三种具体情形:一是配套生活垃圾分类收集设施未达到规划设计要求;二是建设工程未分期建设的,配套生活垃圾分类收集设施未与主体工程同时交付使用;三是建设工程分期建设,配套生活垃圾分类收集设施未与首期工程同时交付使用。

三、关于本违法行为的处罚

根据本条规定,构成本违法行为的,首先由城市管理主管部门或者规划自然资源部门责令改正,即停止违法行为。可以由城市管理主管部门或者规划自然资源部门根据违法行为的情节,结合各自行为的行政处罚裁量基准,处三万元以上十万元以下罚款的行政处罚。

第五十九条 违反本条例规定,单位未在指定地点分类投放生活垃圾的,由城市管理主管部门责令改正;多次违反投放规定或者有其他严重情节的,处五万元以上五十万元以下罚款。

> 违反本条例规定，个人未在指定地点分类投放生活垃圾的，由城市管理主管部门责令改正；多次违反投放规定或者有其他严重情节的，处一百元以上三百元以下罚款。

【释义】

本条共两款，分别对单位和个人未在指定地点分类投放生活垃圾的法律责任作出规定。

一、关于本违法行为的主体

根据本条规定，本违法行为的主体为一般主体，即本市城市、镇规划区的建成区范围内产生生活垃圾的党政机关、企事业单位、社会团体或者个人。根据《中华人民共和国行政处罚法》的规定，个人指已满14周岁的自然人。此外，个体工商户按个人论。

二、关于本违法行为的构成

根据本条规定，本违法行为的构成，为"未在指定地点分类投放生活垃圾"，具体可细分为两种情形，一是未在指定地点投放生活垃圾，二是未分类投放生活垃圾。其中，指定地点是指《条例》第二十七条规定的生活垃圾管理责任人，按照国家及本市要求，在其责任区域内具体指定的生活垃圾分类投放点；分类投放是指生活垃圾产生主体，按照国家标准确定的可回收物、有害垃圾、厨余垃圾和其他垃圾四分法，将生活垃圾分类投放入对应收集容器。

三、关于本违法行为的处罚

根据违法情节,本条设置两种处理措施,即对情节轻微的,由城市管理主管部门责令改正;对多次违反投放规定或者有其他严重情节的,按违法主体类型,分别对单位处五万元以上五十万元以下罚款和对个人处一百元以上三百元以下罚款。多次指三次及以上,其他严重情节由城市管理行政处罚裁量基准予以具体明确。

> **第六十条** 违反本条例规定,餐厨垃圾产生单位未定期向所在地的区县(自治县)城市管理主管部门申报餐厨垃圾的种类、数量等基本情况的,由城市管理主管部门责令限期申报;逾期未申报的,可以处五百元以上五千元以下的罚款。

【释义】

本条是关于餐厨垃圾产生单位未按规定申报信息的法律责任的规定。

一、关于本违法行为的主体

根据本条规定,本违法行为的主体为特定主体,即在生产活动中产生餐厨垃圾的食品加工、饮食服务和提供集中供餐的企业单位。

二、关于本违法行为的构成

根据本条规定,本违法行为的构成,为未定期申报餐厨垃圾的种类、数量等基本情况,可细分为未申报、未在规定时限内申报、申报信息内容或者形式不符合要求等具体情形。当事人仅具其一即构成违法。

三、关于本违法行为的处罚

根据本条规定,对于构成本违法行为的,首先由城市管理主管部门责令限期申报,停止违法行为。未定期申报餐厨垃圾的种类、数量等基本情况属整改前置类违法行为,责令限期申报是给予处罚的前置流程,只有当事人未在责改期限内改正违法行为的,城市管理行政执法机关方能给予行政处罚。具体处罚金额,由城市管理行政执法机关根据案情,按照城市管理行政处罚裁量基准,在五百元以上五千元以下的幅度内依法确定。

第六十一条 违反本条例规定,管理责任人未按照要求设置收集容器或者指定投放地点的,由城市管理主管部门责令立即改正,处一千元以上一万元以下罚款。

违反本条例规定,管理责任人将其他垃圾交由不符合规定的单位进行经营性收集、运输或者处理的,由城市管理主管部门责令立即改正,处二千元以上二万元以下罚款。

【释义】

本条是关于管理责任人未履行法定义务的法律责任的规定。

一、关于本违法行为的主体

根据本条规定,本违法行为的主体为特定主体,即生活垃圾管理责任人,具体按照《条例》第二十七条规定确定。

二、关于本违法行为的构成

(一)根据本条第一款规定,该违法行为的构成,为未按照要求设置收集容器或者指定投放地点,其中收集容器设置应当符合有关国家标准、地方标准和行为标准,指定的投放地点的选址、外观设计、功能配置等应满足城市管理部门要求。

(二)根据本条第二款规定,该违法行为的构成,为将其他垃圾交由不符合规定的单位进行经营性收集、运输或者处理。其中,其他垃圾指《条例》第六十七条第四项规定的除可回收物、有害垃圾、厨余垃圾外的生活垃圾,不符合规定的单位指未取得生活垃圾经营性收集、运输和处理许可的单位。

三、关于本违法行为的处罚

(一)关于实施主体。根据本条规定,一般情况下市、区县(自治县)城市管理部门为处罚实施主体,此外经授权的经济发达镇也是合法实施主体。

(二)关于责令改正。城市管理部门在给予行政处罚的同时,应当根据具体情况,责令管理责任人改正,并明确改正限期。

(三)关于处罚内容。根据本条规定,处罚内容为罚款。具体金额由城市管理行政执法机关根据案情,按照城市管理行政处罚裁量基准,分别在一千元以上一万元以下和二千元以上二万元以下的幅度内依法确定。

> **第六十二条** 违反本条例规定,未取得相应生活垃圾经营许可证,擅自从事生活垃圾经营性清扫、收集、运输、处理的,由城市管理主管部门责令停止违法行为,处五千元以上五万元以下罚款。

【释义】

本条是关于未取得相应生活垃圾经营许可证,擅自从事生活垃圾经营性清扫、收集、运输、处理的法律责任的规定。

一、关于本违法行为的主体

根据本条规定,本违法行为的主体为一般主体,即本市城市、镇规划区范围内未取得相应生活垃圾经营许可证,擅自从事生活垃圾经营性清扫、收集、运输、处理的党政机关、企事业单位、社会团体或者个人。根据《中华人民共和国行政处罚法》的规定,个人指已满14周岁的自然人。此外,个体工商户按个人论。

二、关于本违法行为的构成

根据本条规定,本违法行为的构成,为"未取得相应生活垃圾经营许

可证,擅自从事生活垃圾经营性清扫、收集、运输、处理",具体包括四种情形。一是未取得相应生活垃圾经营许可证,擅自从事生活垃圾经营性清扫的行为;二是未取得相应生活垃圾经营许可证,擅自从事生活垃圾经营性收集的行为;三是未取得相应生活垃圾经营许可证,擅自从事生活垃圾经营性运输的行为;四是未取得相应生活垃圾经营许可证,擅自从事生活垃圾经营性处理的行为。仅具其一即构成违法。

三、关于本违法行为的处罚

根据本条规定,对于构成本违法行为的,首先由城市管理主管部门责令改正,即停止违法行为。同时,由城市管理主管部门根据违法行为的情节,结合行政处罚裁量基准,对"未取得相应生活垃圾经营许可证,擅自从事生活垃圾经营性清扫、收集、运输、处理"的行为,处五千元以上五万元以下的罚款。

> **第六十三条** 违反本条例规定,生活垃圾收集、运输、处理单位将已分类投放的生活垃圾混合收集、运输,或者未分类接收并分类处理生活垃圾的,由城市管理主管部门责令改正,处五千元以上三万元以下罚款。

【释义】

本条是关于生活垃圾收集、运输、处理单位未按规定进行生活垃圾收集、运输、处理的规定。

一、关于本违法行为的主体

根据本条规定,本违法行为的主体为生活垃圾收集、运输、处理单位。

二、关于本违法行为的构成

根据本条规定,本违法行为的构成,为"生活垃圾收集、运输、处理单位将已分类投放的生活垃圾混合收集、运输,或者未分类接收并分类处理生活垃圾的",具体包括两种情形,一是生活垃圾收集、运输、处理单位将已分类投放的生活垃圾混合收集、运输的,二是生活垃圾收集、运输、处理单位未分类接收并分类处理生活垃圾的,任何一种行为均构成违法。

三、关于本违法行为的处罚

根据本条规定,对于构成本违法行为的,首先由城市管理主管部门责令改正,即停止和纠正违法行为。同时,由城市管理主管部门根据违法行为的情节,结合行政处罚裁量基准,对"生活垃圾收集、运输、处理单位将已分类投放的生活垃圾混合收集、运输,或者未分类接收并分类处理生活垃圾的"行为,处五千元以上三万元以下的罚款。

第六十四条 违反本条例规定,生活垃圾清扫、收集、运输单位有下列情形之一的,由城市管理主管部门责令限期改正,并按照下列规定进行处罚:

(一)未在运输工具显著位置标明所运输生活垃圾类别的,处一千元以上五千元以下的罚款;

> （二）未将生活垃圾运输到指定转运站或者处理场所的，处五千元以上三万元以下的罚款；
>
> （三）未建立或者未如实记录管理台账的，处五千元以上三万元以下的罚款。

【释义】

本条是关于生活垃圾清扫、收集、运输单位的法律责任的规定。

一、关于本违法行为的主体

根据本条规定，本违法行为的主体为特定主体，即本市城市、镇规划区范围内取得生活垃圾清扫、收集、运输许可的单位。也就是说，只要取得生活垃圾清扫、收集、运输许可并实施生活垃圾清扫、收集、运输行为的单位，就可能成为本违法行为的主体，并可能受到处罚。

二、关于本违法行为的构成

根据本条规定，本违法行为的构成，共分三项。

第一项为"未在运输工具显著位置标明所运输生活垃圾类别"，具体为没有在运输工具显著位置标明所运输生活垃圾类别。

第二项为"未将生活垃圾运输到指定转运站或者处理场所"，具体包括两种情形，一是未将生活垃圾运输到指定转运站，二是未将生活垃圾运输到指定处理场所，仅具其一即构成违法。

第三项为"未建立或者未如实记录管理台账",具体包括两种情形,一是未建立管理台账,二是未如实记录管理台账,仅具其一即构成违法。

三、关于本违法行为的处罚

根据本条规定,对于构成本违法行为的,首先由城市管理主管部门责令限期改正,即停止和纠正违法行为。同时,由城市管理主管部门根据违法行为的情节,结合行政处罚裁量基准,对"未在运输工具显著位置标明所运输生活垃圾类别"的行为,处一千元以上五千元以下的罚款,对"未将生活垃圾运输到指定转运站或者处理场所"的行为,处五千元以上三万元以下的罚款;对"未建立或者未如实记录管理台账"的行为,处五千元以上三万元以下的罚款。

> **第六十五条** 违反本条例规定,生活垃圾集中转运设施的运营管理单位未按照规定密闭存放厨余垃圾和其他垃圾,或者存放时间超过二十四小时的,由城市管理主管部门责令限期改正,处一千元以上一万元以下的罚款。

【释义】

本条是关于生活垃圾集中转运设施的运营管理单位的法律责任的规定。

一、关于本违法行为的主体

根据本条规定,本违法行为的主体为特定主体,即本市城市、镇规划区范围内生活垃圾集中转运设施的运营管理单位。也就是说,只要实施生活垃圾集中转运设施的运营管理行为的单位,就可能成为本违法行为的主体,并可能受到处罚。

二、关于本违法行为的构成

根据本条规定,本违法行为的构成,为"未按照规定密闭存放厨余垃圾和其他垃圾,或者存放时间超过二十四小时",具体包括两种情形,一是未按照规定密闭存放厨余垃圾和其他垃圾,二是厨余垃圾和其他垃圾存放时间超过二十四小时,仅具其一即构成违法。

三、关于本违法行为的处罚

根据本条规定,对于构成本违法行为的,首先由城市管理主管部门责令限期改正,即停止和纠正违法行为。同时,由城市管理主管部门根据违法行为的情节,结合行政处罚裁量基准,对"未按照规定密闭存放厨余垃圾和其他垃圾,或者存放时间超过二十四小时"的行为,处一千元以上一万元以下的罚款。

第六十六条 违反本条例规定,生活垃圾处理单位有下列情形之一的,由城市管理主管部门责令限期改正,并按照下列规定进行处罚:

> （一）未建立或者未如实记录管理台账的，处五千元以上三万元以下的罚款；
>
> （二）擅自处理市外生活垃圾或者生活垃圾以外的其他固体废物的，处五万元以上十万元以下的罚款。

【释义】

本条是关于生活垃圾处理单位的法律责任的规定。

一、关于本违法行为的主体

根据本条规定，本违法行为的主体为特定主体，即本市城市、镇规划区范围内取得生活垃圾处理许可的单位。也就是说，只要取得生活垃圾处理许可并实施生活垃圾处理行为的单位，就可能成为本违法行为的主体，并可能受到处罚。

二、关于本违法行为的构成

根据本条规定，本违法行为的构成，共分两项。

第一项为"未建立或者未如实记录管理台账"，具体包括两种情形，一是未建立管理台账，二是未如实记录管理台账，仅具其一即构成违法。

第二项为"擅自处理市外生活垃圾或者生活垃圾以外的其他固体废物"，具体包括两种情形，一是擅自处理市外生活垃圾，二是擅自处理生活垃圾以外的其他固体废物，仅具其一即构成违法。

三、关于本违法行为的处罚

根据本条规定,对于构成本违法行为的,首先由城市管理主管部门责令限期改正,即停止和纠正违法行为。同时,由城市管理主管部门根据违法行为的情节,结合行政处罚裁量基准,对"未建立或者未如实记录管理台账"的行为,处五千元以上三万元以下的罚款,对"擅自处理市外生活垃圾或者生活垃圾以外的其他固体废物"的行为,处五万元以上十万元以下的罚款。

附 录

重庆市人民代表大会常务委员会
公告

〔五届〕第 161 号

《重庆市生活垃圾管理条例》已于 2021 年 11 月 25 日经重庆市第五届人民代表大会常务委员会第二十九次会议通过,现予公布,自 2022 年 3 月 1 日起施行。

重庆市人民代表大会常务委员会

2021 年 11 月 25 日

《重庆市生活垃圾管理条例》

(2021年11月25日重庆市第五届人民代表大会常务委员会第二十九次会议通过)

目　录

第一章　总　则

第二章　规划与建设

第三章　源头减量

第四章　分类投放

第五章　清扫、收集、运输和处理

第六章　资源化利用

第七章　监督管理

第八章　法律责任

第九章　附　则

第一章 总 则

第一条 为了加强生活垃圾管理,改善城乡人居环境,保障公众健康,维护生态安全,推进生态文明建设,促进经济社会可持续发展,根据《中华人民共和国固体废物污染环境防治法》《城市市容和环境卫生管理条例》等法律、行政法规,结合本市实际,制定本条例。

第二条 本市行政区域内生活垃圾的设施规划建设、源头减量、分类投放、清扫、收集、运输、处理、资源化利用及其监督管理等活动,适用本条例。

本条例所称生活垃圾,是指在日常生活中或者为日常生活提供服务的活动中产生的固体废物,以及法律、行政法规规定视为生活垃圾的固体废物。

本市生活垃圾按照国家标准分为可回收物、有害垃圾、厨余垃圾和其他垃圾四类。

工业固体废物、建筑垃圾、农业固体废物、危险废物等固体废物管理按照国家和本市有关规定执行。

第三条 生活垃圾管理坚持党委领导、政府推动、全民参与、城乡统筹、因地制宜、简便易行的原则。

本市建立健全分类投放、分类收集、分类运输、分类处理的生活垃圾管理系统,逐步实现生活垃圾减量化、资源化、无害化。

第四条 市人民政府应当将生活垃圾管理纳入本市国民经济和社会发展规划、生态环境保护规划,制定生活垃圾处理总量控制计划,统筹协调生活垃圾管理工作。

区县(自治县)人民政府负责本行政区域内的生活垃圾管理工作,将生活垃圾管理纳入本区县(自治县)国民经济和社会发展规划、生态环境保护规划,按照生活垃圾管理目标和生活垃圾处理总量控制计划,因地制宜开展生活垃圾分类工作。

街道办事处、乡镇人民政府负责本辖区内生活垃圾的日常管理工作,指导居(村)民委员会动员组织辖区内的单位和个人参与生活垃圾减量、分类等工作。

第五条 城市管理部门是生活垃圾管理的主管部门,负责生活垃圾管理工作的组织、协调、指导和监督。生活垃圾管理事务性工作由其所属的环境卫生事务机构负责。

发展改革、教育、生态环境、住房城乡建设、农业农村、商务、市场监管、科技、经济信息、公安、民政、财政、规划自然资源、交通、文化旅游、卫生健康、机关事务管理、邮政管理、供销合作组织等部门或者单位按照各自职责做好生活垃圾管理工作。

第六条 市、区县(自治县)人民政府应当将生活垃圾管理所需经费纳入本级预算,保障城乡生活垃圾管理的资金投入。

本市鼓励和引导社会资本参与生活垃圾源头减量、分类投放、清扫、收集、运输、处理以及资源化利用等活动。

第七条 街道办事处、乡镇人民政府应当将生活垃圾管理纳入基层社会治理工作,加强组织协调和指导。

建立基层党组织领导下的居(村)民委员会、业主大会、业主委员会和物业服务企业议事协调机制,统筹推进生活垃圾分类工作。

倡导居(村)民委员会将生活垃圾分类要求纳入居民公约和村规民约。

第八条 环境卫生、再生资源、物业管理、电子商务、餐饮、酒店、旅游、交通运输、物流等行业协会应当将生活垃圾源头减量、分类工作纳入行业自律规范、行业培训和行业评价,引导并督促会员单位开展生活垃圾分类工作。

第九条 国家机关、社会团体、企业事业单位、基层群众性自治组织应当加强生活垃圾减量化、资源化、无害化的宣传教育,普及生活垃圾分类知识,倡导绿色低碳的生活方式。

学校应当开展生活垃圾减量和分类知识的普及教育工作,中小学校和幼儿园应当将生活垃圾减量、分类的知识纳入教育教学内容。

新闻媒体应当开展生活垃圾减量和分类知识的公益宣传,增强社会公众的生活垃圾减量和分类意识,并对违反生活垃圾管理的行为进行舆论监督。

市城市管理主管部门应当联合相关部门设立科普教育基地,普及生活垃圾分类等知识。市城市管理主管部门确定的生活垃圾处理设施运营单位应当设立公众开放日,接待社会公众参观。

第十条 产生生活垃圾的单位、家庭和个人应当依法履行生活垃圾源头减量和分类投放义务,承担生活垃圾产生者责任。

国家机关、事业单位等应当在生活垃圾减量、分类工作中起示范带头作用。

第十一条　本市按照"谁产生、谁付费"的原则,逐步探索建立计量收费、差别化收费、利于收缴的生活垃圾处理收费制度。农村地区的生活垃圾处理费用,可以通过政府补贴、社会捐赠、村民委员会筹措、农户缴纳等方式筹集。

生活垃圾处理收费具体办法由市人民政府制定。

第十二条　本市鼓励和支持生活垃圾管理领域的科技创新,促进新技术、新工艺、新材料、新设备等的研究开发、成果转化和推广应用,推动生活垃圾相关产业与现代制造业、现代物流业、现代服务业、现代农业等产业融合发展,推进生活垃圾管理工作信息化、智能化。

第二章　规划与建设

第十三条　市城市管理主管部门应当会同发展改革、规划自然资源、生态环境、住房城乡建设等部门,依据本市国民经济和社会发展规划组织编制市生活垃圾处置专项规划,报市人民政府审批;涉及国土空间规划布局的,经规划自然资源部门综合平衡后纳入国土空间规划。

市生活垃圾处置专项规划应当统筹生活垃圾处理流向、流量,确定生活垃圾分类集中转运和处理设施的总体布局。

区县(自治县)人民政府应当根据市生活垃圾处置专项规划,组织编制区县(自治县)生活垃圾处置专项规划,确定生活垃圾收集、转运、处理

设施的详细布局,并报市城市管理主管部门备案。涉及设施建设的,应当与所在地的详细规划相衔接。

编制生活垃圾处置专项规划应当征求专家和公众意见。规划草案报送审批前,应当依法予以公示。

第十四条　市城市管理主管部门应当制定本市生活垃圾集中转运、处理、资源化利用等设施建设计划。本市有关部门编制政府投资年度计划、年度土地供应计划时,应当统筹安排生活垃圾集中转运、处理重点设施的建设。

区县(自治县)城市管理主管部门应当根据本市的统筹安排,制定年度生活垃圾收集、集中转运、处理、资源化利用等设施的建设工作计划并组织实施,保障生活垃圾管理设施的建设与正常运行。

第十五条　新建、改建或者扩建的建设项目,应当按照国家及本市相关标准、规范,配套建设生活垃圾分类收集设施。

配套生活垃圾分类收集设施应当与主体工程同时设计、同时建设、同时交付使用;建设工程分期建设的,配套生活垃圾分类收集设施应当与首期工程同时交付使用。

没有生活垃圾分类收集设施或者已有设施不符合生活垃圾分类标准的,应当予以补建、改造,并达到标准。

农村地区应当根据实际需要配套建设符合生活垃圾分类要求的收集设施,配备生活垃圾分类收集容器。

第十六条　生活垃圾收集、集中转运、处理设施工程竣工后,建设单位应当依法组织竣工验收,并通知城市管理主管部门进行监督。

工程未经验收或者验收不合格的,不得交付使用。

第十七条　禁止擅自关闭、占用、闲置或者拆除生活垃圾收集、转运和处理设施、场所;确有必要关闭、占用、闲置或者拆除的,应当由所在地的区县(自治县)城市管理主管部门商所在地的区县(自治县)生态环境部门同意后核准,并重建、补建或者提供替代设施、场所,防止污染环境。

生活垃圾卫生填埋场停止使用的,运行管理单位应当按照国家和本市相关标准及规定实施封场工程,并做好封场后的维护管理工作。

第三章　源头减量

第十八条　市、区县(自治县)人民政府应当按照节约资源、保护生态环境与保障生产生活安全的要求,在生产、流通、消费等领域建立促进生活垃圾源头减量的工作机制。

第十九条　从事工艺、设备、产品及包装物设计,应当按照减少资源消耗和废物产生的要求,优先选择采用易回收、易拆解、易降解、无毒无害或者低毒低害的材料和设计方案,并符合国家强制性标准。

企业对产品的包装应当合理,防止过度包装造成资源浪费和环境污染。

第二十条　邮政、快递企业应当执行国家快递绿色包装相关标准、规范,优先使用电子运单和可重复使用、易回收利用的包装物,减少包装材料的使用。鼓励寄件人使用可降解、可循环使用的环保包装。

电子商务经营者应当提供多种规格的封装袋、可循环使用包装袋等绿色包装选项,运用计价优惠等机制,引导消费者使用环保包装。

第二十一条 标准化果蔬生产基地、农贸市场、超市、电子商务等经营者应当避免过度包装,逐步推行净菜上市。

鼓励有条件的农贸市场安装符合标准的厨余垃圾处理设施,进行就地处理。

第二十二条 本市按照国家规定禁止、限制生产、销售和使用不可降解塑料袋等一次性塑料制品。超市、商场、集贸市场等商品零售场所不得免费提供塑料袋。

旅游、住宿、餐饮经营者应当按照国家有关规定推行不主动提供一次性用品。市城市管理主管部门应当会同商务、文化旅游、市场监管等部门制定一次性用品的目录清单,向社会公布,并定期更新。

第二十三条 鼓励单位和个人节约使用和重复利用办公用品。

国家机关和使用财政性资金的其他组织应当优先采购和使用有利于保护环境的产品、设备和设施,在符合保密规定的前提下推行无纸化办公,减少使用一次性办公用品。

第二十四条 单位和个人不得浪费食物。餐饮经营者、餐饮外卖平台应当以显著方式提示消费者适量点餐。

鼓励餐厨垃圾产生单位利用新技术、新设备对餐厨垃圾进行油水分离,促进源头减量。

第四章　分类投放

第二十五条　产生生活垃圾的单位和个人是生活垃圾分类投放的责任主体,应当依法在指定的地点将生活垃圾分类投放至相应的收集容器。其中,可回收物可以交售给再生资源回收经营者。

废旧家具等体积大、整体性强的大件垃圾,应当投放至管理责任人指定地点或者预约回收。

禁止随意倾倒、抛撒、堆放或者焚烧生活垃圾。禁止将生活垃圾投入市政雨(污)水管道。

第二十六条　餐厨垃圾产生单位应当定期向所在地的区县(自治县)城市管理主管部门申报餐厨垃圾的种类、数量等基本情况,并按照下列规定投放餐厨垃圾:

(一)设置符合标准的餐厨垃圾收集专用容器,保持收集容器完好、密闭、整洁,按照约定时间将收集容器放置于指定收集地点,并保持容器摆放用地周边干净、整洁,其他时间段应当将收集容器放置于单位内;

(二)按照环境保护管理的有关规定,安装油水分离器或者隔油池等污染防治设施;

(三)将餐厨垃圾交给符合规定的收集、运输单位。

第二十七条　本市实行生活垃圾管理责任人(以下简称"管理责任人")制度,管理责任人按照下列规定确定:

(一)国家机关、企业事业单位、社会团体和其他组织的办公场所,其单位委托物业服务企业实施物业管理的,物业服务企业为管理责任人;单位自行管理的,单位为管理责任人。

(二)住宅小区由业主委托物业服务企业实施物业管理的,物业服务企业为管理责任人。

(三)道路、广场、公园、公共绿地、公共水域等公共场所,其管理部门委托服务单位管理的,服务单位为管理责任人;管理部门自行管理的,管理部门为管理责任人。

(四)机场、客运站、轨道交通站点以及旅游、文化、体育、娱乐、商业等公共场所,其经营管理单位委托的物业服务企业实施物业管理的,物业服务企业为管理责任人;经营管理单位自行管理的,经营管理单位为管理责任人。

按照前款规定无法确定管理责任人的,由所在地街道办事处、乡镇人民政府确定管理责任人并向责任区域公示。跨行政区域的,由共同的上一级城市管理主管部门确定并向责任区域公示。

街道办事处、乡镇人民政府应当对所辖区域内管理责任人履行管理责任的情况进行监督。

第二十八条 管理责任人应当遵守下列规定:

(一)建立生活垃圾分类日常管理制度。

(二)开展生活垃圾分类知识宣传普及,引导、监督单位和个人实施生活垃圾分类。

(三)按照国家及本市要求,在责任区域内指定生活垃圾分类投放地点;根据不同种类生活垃圾产生量,合理放置可回收物、有害垃圾、厨余垃圾、其他垃圾四类收集容器；厨余垃圾产生量较多的，应当增加厨余垃圾收集容器数量。

（四）保持分类收集容器齐全、完好、整洁，出现破旧、污损、溢出或者数量不足的，及时维修、更换、清理或者补设，并保持生活垃圾分类收集容器周边环境整洁。

（五）分类收集生活垃圾，将分类投放的生活垃圾交给符合规定的单位分类收集、运输，并签订生活垃圾收集运输服务合同。

（六）及时制止混合已分类生活垃圾的行为。

（七）国家和本市的其他规定。

管理责任人发现生活垃圾投放不符合分类要求的，有权要求投放人改正；投放人拒不改正的，管理责任人应当向城市管理主管部门报告。

第二十九条　市城市管理主管部门应当建立生活垃圾分类指导员制度。

区县（自治县）城市管理主管部门应当指导街道办事处、乡镇人民政府设立生活垃圾分类指导员，引导社会力量参与生活垃圾分类指导、监督工作。

第三十条　鼓励志愿服务组织和志愿者开展生活垃圾源头减量、分类投放的宣传、示范和监督等活动，参与生活垃圾治理。

第五章　清扫、收集、运输和处理

第三十一条　从事生活垃圾经营性清扫、收集、运输和处理的单位，应当按照国家规定依法取得相应许可证。

第三十二条　市、区县(自治县)、街道(乡镇)、村(社区)应当建立生活垃圾清扫保洁制度,明确清扫保洁区域和作业要求。

第三十三条　已经分类投放的生活垃圾,应当按照规定分类收集、分类运输、分类处理。禁止将已分类投放的生活垃圾混合收集、运输和处理。生活垃圾以外的其他固体废物应当按照国家有关规定收集、运输和处理,严禁混入生活垃圾。

收集、运输和处理单位发现生活垃圾不符合分类要求的,以及管理责任人发现收集、运输单位违反生活垃圾分类收集、运输要求的,应当向城市管理主管部门报告。城市管理主管部门应当及时处置。

第三十四条　生活垃圾应当按照下列要求进行分类收集、运输:

(一)对可回收物、有害垃圾实行预约或者定期收集、运输。

(二)对厨余垃圾实行每日定时定点收集、运输。

(三)对其他垃圾实行每日定时定点收集、运输;没有条件的农村地区,实行定期收集、运输。

废旧家具等体积大、整体性强的大件垃圾,实行预约或者定期收集、运输。

第三十五条　生活垃圾应当按照下列要求进行分类处理:

(一)可回收物交由再生资源回收经营者或者资源综合利用企业进行回收利用;

(二)有害垃圾按照国家有关规定进行无害化处理;

(三)厨余垃圾优先采用生化处理、堆肥等方式进行资源化利用或者

无害化处理,农村地区可以就近就地处理;

(四)其他垃圾优先采用焚烧发电、卫生填埋等方式进行无害化处理。

废旧家具等体积大、整体性强的大件垃圾应当进行定点回收或者拆解分类利用和无害化处理。

第三十六条 生活垃圾清扫、收集、运输单位应当遵守下列规定:

(一)在规定的时间内及时清扫,分类收集、运输生活垃圾;

(二)收集、运输工具应当密闭、整洁,并在显著位置标明所运输生活垃圾的类别;

(三)将生活垃圾运输到指定转运站或者处理场所;

(四)根据生活垃圾分类类别、收运量、作业时间等合理配置符合标准的收集工具、运输车辆,确定运输频次;

(五)建立管理台账,如实记录生活垃圾的来源、种类、数量、去向等内容;

(六)制定应急预案,并报市城市管理主管部门备案;

(七)执行其他操作规程和行业规范。

第三十七条 生活垃圾集中转运设施的运营管理单位应当遵守下列规定:

(一)按照规定分类接收、规范存放、分类转运生活垃圾;

(二)厨余垃圾和其他垃圾应当密闭存放,存放时间不得超过二十四小时;

(三)按照规定配备相应的环保设施设备,规范处理生活垃圾转运过

程中产生的污染物；

（四）制定应急预案，并报市城市管理主管部门备案；

（五）执行其他操作规程和行业规范。

农村生活垃圾集中转运设施的运营管理单位可以根据生活垃圾类别和收运量适当延长存放时间。

第三十八条 生活垃圾处理单位应当遵守下列规定：

（一）按照规定分类接收并分类处理生活垃圾；

（二）按照规定配备相应的环保设施设备，规范处理生活垃圾处理过程中产生的污染物；

（三）按照规定安装使用监测设备，实时监测污染物的排放情况，将污染排放数据实时公开，并与生态环境部门联网；

（四）建立管理台账，如实记录每日进场的生活垃圾运输单位以及生活垃圾来源、种类、数量等内容；

（五）不得擅自处理市外生活垃圾和生活垃圾以外的其他固体废物；

（六）制定应急预案，并报市城市管理主管部门备案；

（七）执行其他操作规程和行业规范。

第三十九条 市、区县（自治县）城市管理主管部门应当会同相关部门编制生活垃圾应急预案，建立生活垃圾清扫、收集、运输和处理应急机制。

第四十条 本市按照区域统筹、设施共享的原则，逐步建立生活垃圾异地处理补偿机制。

生活垃圾移出地区县(自治县)人民政府应当根据转移处理量向接受地区县(自治县)人民政府支付生活垃圾异地处理补偿费或者以其他方式进行补偿。

第六章 资源化利用

第四十一条 循环经济发展综合管理部门应当会同有关部门制定循环经济发展扶持政策,支持符合城市功能需要和相关产业发展导向的可回收物回收利用项目,鼓励使用生活垃圾资源化利用产品。

第四十二条 商务部门应当会同城市管理、供销合作组织等部门或者单位完善再生资源回收体系,优化再生资源回收网络,推进再生资源回收利用与生活垃圾收集、运输相衔接,将回收统计数据纳入生活垃圾统计内容。

鼓励可回收物利用企业、物业服务企业、商场、超市、便利店、快递收发点等设立回收点,采用以旧换新、积分兑换等方式开展可回收物回收。

鼓励有条件的区县(自治县)人民政府出台低价值可回收物资源化利用支持政策。

第四十三条 对列入国家强制回收目录的产品和包装物,生产者、销售者应当按照规定进行回收和处理。

鼓励生产者、销售者通过自主回收、联合回收或者委托回收等模式,提高废弃产品和包装物的回收再利用率。

市邮政管理部门应当指导邮政、快递企业对可回收包装物进行回收再利用。

第四十四条　再生资源回收经营者应当按照国家和本市有关要求，将可回收物交由可回收物利用企业进行资源化利用。

商务、经济信息、城市管理、供销合作组织等部门或者单位应当对可回收物资源化利用活动进行监督指导。

第四十五条　鼓励单位和个人使用可循环利用的产品，通过线上、线下交易等方式，促进闲置物品再使用。

第四十六条　市、区县（自治县）人民政府相关部门应当鼓励在公共绿地、公益林的土壤改良中优先使用厨余垃圾资源化利用产品，支持厨余垃圾资源化利用产品在农业生产领域的推广应用。

第四十七条　从生活垃圾中回收的物质应当按照国家规定的用途、标准使用，不得用于生产可能危害人体健康的产品。

城市管理主管部门应当加强对餐厨垃圾收集、运输、处理的全过程监管，促进餐厨垃圾资源化利用。禁止生产、销售、使用以废弃食用油脂为原料的食用油。

禁止畜禽养殖场、养殖小区利用未经无害化处理的厨余垃圾饲喂畜禽。

第七章　监督管理

第四十八条　市、区县（自治县）人民政府应当建立健全生活垃圾管理的考核评价制度，并将考核结果纳入绩效考评体系。

第四十九条　本市群众性精神文明创建活动、卫生创建活动、绿色生活创建行动，以及生态文明先行示范区、生态文明建设示范区、园林城市、全域旅游示范区等创建活动中,应当将生活垃圾分类管理相关情况纳入评选标准。

第五十条　城市管理主管部门应当建立生活垃圾计量称重系统,对生活垃圾运输量和处理量进行在线管理,对生活垃圾运输实施调度。

环境卫生监测单位应当加强对生活垃圾分类效果、收运过程污染和处理设施运行安全的监督性监测,监测数据按照规定向社会公布。

第五十一条　城市管理主管部门应当建立生活垃圾全过程管理信息系统,与生态环境、市场监管、商务等部门实现生活垃圾管理数据共享互通。

第五十二条　城市管理主管部门会同生态环境、商务、市场监管、农业农村、机关事务管理等部门加强生活垃圾全过程联合监管。

城市管理、市场监管、农业农村等部门应当将厨余垃圾的处理和流向纳入日常监督管理范围;城市管理、公安、交通等部门应当加强对厨余垃圾收运车辆的执法检查。

第五十三条　城市管理主管部门应当依法对生活垃圾投放、收集、运输、处理开展监督检查,可以采取以下措施:

(一)进行现场检查;

(二)查阅、复制与被检查事项有关的文件、资料;

(三)对用于违法活动的设施、设备、场所、工具、物品,依法予以查封、扣押;

检查人员进行现场检查,应当出示证件。对现场检查中知悉的商业秘密应当保密。有关单位和个人应当予以配合,如实反映情况,不得妨碍监督检查人员依法执行职务。

第五十四条 鼓励公众参与生活垃圾管理的监督活动,对违反生活垃圾管理规定的行为进行举报或者投诉。

城市管理主管部门应当向社会公布举报和投诉的方式,依法处理有关生活垃圾管理方面的举报和投诉。

第五十五条 单位违反本条例受到行政处罚的,执法机关应当按照规定将相关信息归集到本市公共信用信息平台。

市市场监管部门应当将城市管理主管部门提交的生活垃圾收集、运输和处理单位的行政处罚结果,纳入企业信用信息公示系统。

市住房城乡建设部门应当将相关执法部门提交的物业服务企业履行分类投放管理责任情况,纳入物业服务企业信用管理体系。

第八章 法律责任

第五十六条 国家机关、国家工作人员在生活垃圾管理工作中不履行、不正确履行职责的,由其上级主管机关、所在单位责令改正,视情节轻重,对负有责任的领导人员和直接责任人员依法给予处分或者处理。

第五十七条 违反本条例规定,不缴纳或者少缴纳生活垃圾处理费的,由城市管理主管部门责令限期缴纳;逾期未缴纳的,处应当缴纳的生活垃圾处理费一倍以上三倍以下的罚款,但对单位罚款最高不超过三万元,对个人罚款最高不超过一千元。

第五十八条　新建、改建或者扩建的建设项目配套生活垃圾分类收集设施未达到规划设计要求，或者未与主体工程、首期工程同时交付使用的，由城市管理主管部门、规划自然资源部门根据职责分工，责令限期改正，可以处三万元以上十万元以下的罚款。

第五十九条　违反本条例规定，单位未在指定地点分类投放生活垃圾的，由城市管理主管部门责令改正；多次违反投放规定或者有其他严重情节的，处五万元以上五十万元以下罚款。

违反本条例规定，个人未在指定地点分类投放生活垃圾的，由城市管理主管部门责令改正；多次违反投放规定或者有其他严重情节的，处一百元以上三百元以下罚款。

第六十条　违反本条例规定，餐厨垃圾产生单位未定期向所在地的区县（自治县）城市管理主管部门申报餐厨垃圾的种类、数量等基本情况的，由城市管理主管部门责令限期申报；逾期未申报的，可以处五百元以上五千元以下的罚款。

第六十一条　违反本条例规定，管理责任人未按照要求设置收集容器或者指定投放地点的，由城市管理主管部门责令立即改正，处一千元以上一万元以下罚款。

违反本条例规定，管理责任人将其他垃圾交由不符合规定的单位进行经营性收集、运输或者处理的，由城市管理主管部门责令立即改正，处二千元以上二万元以下罚款。

第六十二条　违反本条例规定，未取得相应生活垃圾经营许可证，擅

自从事生活垃圾经营性清扫、收集、运输、处理的,由城市管理主管部门责令停止违法行为,处五千元以上五万元以下罚款。

第六十三条 违反本条例规定,生活垃圾收集、运输、处理单位将已分类投放的生活垃圾混合收集、运输,或者未分类接收并分类处理生活垃圾的,由城市管理主管部门责令改正,处五千元以上三万元以下罚款。

第六十四条 违反本条例规定,生活垃圾清扫、收集、运输单位有下列情形之一的,由城市管理主管部门责令限期改正,并按照下列规定进行处罚:

(一)未在运输工具显著位置标明所运输生活垃圾类别的,处一千元以上五千元以下的罚款;

(二)未将生活垃圾运输到指定转运站或者处理场所的,处五千元以上三万元以下的罚款;

(三)未建立或者未如实记录管理台账的,处五千元以上三万元以下的罚款。

第六十五条 违反本条例规定,生活垃圾集中转运设施的运营管理单位未按照规定密闭存放厨余垃圾和其他垃圾,或者存放时间超过二十四小时的,由城市管理主管部门责令限期改正,处一千元以上一万元以下的罚款。

第六十六条 违反本条例规定,生活垃圾处理单位有下列情形之一的,由城市管理主管部门责令限期改正,并按照下列规定进行处罚:

(一)未建立或者未如实记录管理台账的,处五千元以上三万元以下

的罚款;

(二)擅自处理市外生活垃圾或者生活垃圾以外的其他固体废物的,处五万元以上十万元以下的罚款。

第九章 附 则

第六十七条 本条例有关用语的含义:

(一)可回收物,是指适宜回收利用的生活垃圾,包括纸类、塑料、金属、玻璃、织物等。

(二)有害垃圾,是指《国家危险废物名录》中的家庭源危险废物,包括废药品、废杀虫剂和消毒剂及其包装物、废油漆和溶剂及其包装物、废胶片及废像纸、废荧光灯管、废含汞温度计、废含汞血压计、废铅蓄电池和氧化汞电池以及电子类危险废物等。

(三)厨余垃圾,是指易腐烂的、含有有机质的生活垃圾,包括家庭厨余垃圾、餐厨垃圾和其他厨余垃圾。家庭厨余垃圾主要包括居民日常生活产生的菜帮、菜叶、瓜果皮壳、剩菜剩饭、废弃食物等易腐性垃圾;餐厨垃圾主要包括相关企业和公共机构在食品加工、饮食服务、单位供餐等活动中产生的食物残渣、食品加工废料和废弃食用油脂等;其他厨余垃圾主要包括农贸市场、农产品批发市场产生的蔬菜瓜果垃圾、腐肉、肉碎骨、水产品、畜禽内脏等。

(四)其他垃圾,指除可回收物、有害垃圾、厨余垃圾外的生活垃圾。

(五)废弃食用油脂,是指不可再食用的动植物油脂和各类油水混合物(含油水分离器、油烟分离器、油水隔离池等排水、排烟、排污设施中的

油水混合物)。

第六十八条　市人民政府根据实际情况,可以决定将区县(自治县)城市管理主管部门的行政处罚权交由能够有效承接的街道办事处、乡镇人民政府行使,并定期组织评估。决定应当公布。

区县(自治县)城市管理主管部门应当加强组织协调、业务指导和执法监督。

第六十九条　本条例自2022年3月1日起施行。

重庆市人民政府
关于《重庆市生活垃圾
管理条例(草案)》的说明

——2021年5月26日在市五届人大常委会第二十六次会议上

市城市管理局局长　谢礼国

市人大常委会：

我受市人民政府委托,现就提请审议的《重庆市生活垃圾管理条例(草案)》(以下简称《草案》)作如下说明。

一、立法的必要性

2016年以来,习近平总书记对垃圾分类工作多次作出重要批示,强调要形成以法治为基础、政府推动、全民参与、城乡统筹、因地制宜的垃圾分类制度,努力提高垃圾分类制度覆盖范围。陈敏尔书记强调,要不断提高垃圾分类能力水平,培养垃圾分类好习惯,营造低碳生活新风尚。唐良智市长要求,切实做好生活垃圾分类工作,进一步提升城市管理水平和品质。2020年4月修订通过的《中华人民共和国固体废物污染环境防治法》专章对生活垃圾管理作了系统制度安排,包括在全国推行生活垃圾分类制度等。我市2018年颁布施行的《重庆市生活垃圾分类管理办法》(重庆市人民政府令第324号)仅对生活垃圾分类作出了规定,未能覆盖生活垃圾管理工作的全部,不适应新形势下垃圾管理工作需要。为进一步全面

贯彻习近平总书记关于生活垃圾管理工作的指示精神,有必要制定生活垃圾管理地方性法规。

二、起草审查过程和主要内容

市城市管理局于2020年10月完成立法起草工作,提请市政府审查。市司法局按照立法程序和审查规范进行了全面审查:一是通过市政府网站公开征求了社会各界意见;二是书面征求了各区县(自治县)政府、市政府各部门的意见;三是深入区县调研,分别召开了市级部门、区县政府、专家学者、行业协会论证会;四是邀请市人大城环委、市人大常委会法制工委提前介入指导。在审查论证过程中,共收到反馈意见建议231条,经认真梳理研究,采纳合理意见建议93条,各方意见已达成共识。在学习借鉴北京、上海等省市相关立法经验的基础上,经过反复研究、论证和修改,并于2021年4月25日经市五届人民政府第138次常务会议审议通过后,形成了提请审议的《草案》。

《草案》共9章70条,主要内容如下:

(一)明晰各方责任。一是明确生活垃圾产生者是源头减量、分类投放的责任主体;二是明确各级政府以及城市管理、生态环保等部门职能职责;三是建立基层党组织为领导、各方共同参与的基层治理机制;四是明确学校、新闻媒体等开展教育宣传职责以及相关重点行业协会的行业自律要求。

(二)规范生活垃圾全过程管理。一是对编制生活垃圾处置专项规划、设施建设计划以及新建、改建、扩建项目配套建设生活垃圾分类收集设施作出了明确规定;二是对生活垃圾分类投放、清扫、收集、运输、处理以及处理设施运行等各环节提出明确要求,实现全过程全链条管理;三是对应急机制、异地补偿机制以及生活垃圾资源化利用作出了规定。

(三)强化源头减量。一是要求电子商务、快递等企业减少过度包装,旅游、住宿、餐饮等行业不得主动提供一次性用品,履行源头减量责任;二是依法禁止、限制生产、销售和使用不可降解塑料袋等一次性塑料制品,逐步推行净菜上市;三是规定机关、事业单位应当减少使用一次性办公用品;四是规定餐饮经营者应当引导消费者理性消费、适度点餐。

三、需要说明的问题

(一)关于农村生活垃圾管理。鉴于我市城乡经济社会发展水平、居民生活习惯等存在一定差异,为建立城乡统筹、因地制宜的生活垃圾管理体制,《草案》对农村生活垃圾收集、运输和处理等作了适度区别规定。

(二)关于法律责任。按照《中华人民共和国立法法》《中华人民共和国行政处罚法》要求,《草案》对国家法律法规中已有明确规定的法律责任未作重复,对细化补充的违法行为,经充分论证、征求意见,按照立法权限设定了相应法律责任。

综上所述,《草案》内容合法、措施可行、切合实际,未创设行政许可、行政强制,无违反公平竞争的内容,将社会主义核心价值观内容融入法条中,法律责任设定符合立法权限。

《草案》连同以上说明,请一并审议。

重庆市人大城乡建设环境保护委员会
关于《重庆市生活垃圾管理条例(草案)》
审议意见的报告

——2021年5月26日在市五届人大常委会第二十六次会议上

市人大城乡建设环境保护委员会主任　屠锐

市人大常委会：

重庆市第五届人民代表大会城乡建设环境保护委员会于2021年5月17日召开第十六次全体会议，对市人民政府提交市人大常委会审议的《重庆市生活垃圾管理条例(草案)》(以下简称《草案》)进行了审议，现将审议结果报告如下。

一、制定的必要性

生活垃圾分类既关系人民群众的生活环境改善，又关系资源的节约利用，更是社会文明进步的重要体现，制定条例对生活垃圾管理进行规范很有必要。

一是贯彻落实习近平生态文明思想的重要举措和践行"两个维护"的重要体现。习近平总书记多次就垃圾分类工作作出指示批示，要求加快建立分类投放、分类收集、分类运输、分类处理的垃圾处理系统，形成以法治为基础、政府推动、全民参与、城乡统筹、因地制宜的垃圾分类制度。为贯彻习近平生态文明思想和习近平法治思想，全面落实总书记的重要指示要求,促进我市生态文明建设,形成绿色健康的生活方式,提升城市精细化管理水平,有必要制定生活垃圾管理条例。

二是贯彻新发展理念,实现高质量发展高品质生活目标的需要。随着经济社会快速发展,我市城镇化进程加快,物质生活水平不断提高,生活垃圾产生量逐年增长。全面推行生活垃圾分类制度,实现生活垃圾减量化、资源化、无害化,显得尤为迫切和重要。为了增强分类意识、促进习惯养成、营造全社会共同参与的良好氛围,有必要出台地方性法规进行宣传教育、鼓励引导和惩戒约束。

三是依法加强生活垃圾管理的迫切需要。我市现行的《重庆市市容环境卫生管理条例》《重庆市餐厨垃圾管理办法》《重庆市生活垃圾分类管理办法》存在内容不够全面、调整范围有限、法律位阶较低等问题。去年施行的新固废法,从健全生活垃圾污染环境防治制度,规范生活垃圾分类工作,加强生活垃圾处置利用效率等方面作出了新规定。为了加强与上位法的衔接,细化上位法的规定,有必要结合我市实际,制定一部综合的地方性法规,为生活垃圾管理提供法治保障。

二、《草案》的立法过程及主要内容

根据市人大常委会立法工作安排,《草案》由市城市管理局起草,市人民政府提请审议。市城市管理局于2020年4月组建了起草小组,全面启动立法工作,同年10月形成了《重庆市生活垃圾管理条例(草案送审稿)》,提请市政府审查。市司法局按照立法程序和审查规范,深入开展调研,广泛征求意见,全面进行了审查。2021年4月25日,市五届人民政府第138

次常务会议审议通过了《草案》。

我委高度重视、提前介入、持续推进该项目。今年3月陈元春副主任带队到市城市管理局调研，专题听取了立法推进情况的汇报。按照常委会主要领导的指示，我委先后到垃圾焚烧发电企业、餐厨垃圾处理企业、垃圾转运企业、乡镇街道、住宅小区、农村村社，开展垃圾处理、运输、收集、投放全链条溯源式调研，并赴浙江、广东、成都等省市学习考察。在市政府常务会议通过法规草案稿后，我委庚即向38个区县(自治县)人大常委会、5个市人大常委会基层立法联系点、全体市人大代表推送了《草案》文本，还组织召开了中心城区人大城环委座谈会、市级部门座谈会和人大代表、行业代表、镇街负责人及专家座谈会，广泛征求意见建议。

我委认为，《草案》贯彻了习近平生态文明思想，落实了《中华人民共和国固体废物污染环境防治法》的相关精神和要求，体现了以人民为中心的发展理念。《草案》内容合法、结构合理、措施基本可行，切合我市实际，未创设行政许可、行政强制，无违反公平竞争的内容，将社会主义核心价值观内容融入法条中，法律责任设定符合立法权限，可以提请市人大常委会审议。

三、需要说明的问题

调研发现，不少市民在垃圾分类上存在"理念上认同，行动上滞后"的问题。有的市民觉得分类太麻烦且无地方性强制规范，可分可不分；有的认为四分类的标准太复杂，搞不清楚究竟该怎么分；有的市民反映楼层撤桶后不方便；还有的反映物业企业在收运生活垃圾的时候，将分好类的垃圾混装,挫伤了居民的分类积极性。我委认为,在推进生活垃圾管理的工作中,加强宣传教育、引导正确分类投放、监督分类转运是关键,这既需要鼓励政策,也需要约束措施。生活垃圾分类涉及老百姓生活习惯的改变,从全国各地的垃圾分类推行情况看都有一个过程,新的习惯养成不可能一蹴而就,重要的是持之以恒、久久为功。

四、修改意见

(一)关于生活垃圾管理原则和目标的问题

《草案》第三条的内容跟条文主旨不完全吻合。条文主旨是管理原则,内容却包含了管理目标,还提到了本市推行生活垃圾分类制度。建议将第三条修改为"生活垃圾管理坚持政府推动、全民参与、城乡统筹、因地制宜的原则"。

增加一条作为第四条【管理目标】,内容为"本市建立健全分类投放、分类收集、分类运输、分类处理的生活垃圾管理系统,逐步实现生活垃圾减量化、资源化、无害化"。《草案》第四条调整为第五条,后面的条文顺延。

(二)关于生活垃圾管理的部门职责划分问题

《草案》第五条第二款至第七款分别罗列了6个政府部门在履行生活垃圾管理上的职责,有意见指出,《草案》的部门职责表述有的不够准确,有的不够全面,且部门职责划分属于政府事权,随着生活垃圾管理工作的深入推进,部门之间的职能职责可能有所调整。为此,建议删除《草案》第五条第二款至第七款,将第八款修改为"发展改革、教育、科技、经济信息、公安、民政、财政、规划自然资源、生态环境、住房城乡建设、交通、农业农

村、商务、文化旅游、卫生健康、机关事务管理、邮政管理、供销合作组织等部门或者单位按照各自职责做好生活垃圾管理工作"。作为第二款。

(三)关于生活垃圾处理收费的问题

《草案》第十一条第一款明确了本市按照"谁产生、谁付费"的原则收缴生活垃圾处理费,具体办法由市人民政府制定,第二款规定农村地区的生活垃圾处理费用可以通过政府补贴、社会捐赠、村民委员会筹措、农户缴纳等方式筹集。我委认为,针对农村地区的差别化规定与产生者付费的原则不一致。农村地区如何收缴生活垃圾处理费,在市政府的具体办法里作出规定即可。为此,建议删除第二款。

(四)关于强化相关责任主体的问题

《草案》第二十条和第二十一条,目前的责任主体是邮政管理部门、农业农村部门等,鉴于部门职责已在总则里作了原则性规定,此处就不宜再对部门职责作出规定,建议从落实企业主体责任的角度,明确企业的责任,将第二十条修改为"邮政、快递企业应当执行国家快递绿色包装相关标准、规范,优先使用电子运单和可重复使用、易回收利用的包装物,减少包装材料的使用。鼓励寄件人使用可降解、可循环使用的环保包装。

电子商务经营者应当提供多种规格的封装袋、可循环使用包装袋等绿色包装选项,运用计价优惠等机制,引导消费者使用环保包装。"

第二十一条建议修改为"标准化果蔬生产基地、农贸市场、超市、电子商务经营者应当逐步推行净菜上市,减少生活垃圾产生量"。

(五)关于生活垃圾分类的标准问题

固废法第四十六条规定"国家鼓励农村生活垃圾源头减量。城乡结合部、人口密集的农村地区和其他有条件的地方,应当建立城乡一体的生活垃圾管理系统;其他农村地区应当积极探索生活垃圾管理模式,因地制宜,就近就地利用或者妥善处理生活垃圾。"我委认为,我市城乡二元化结构明显,生活垃圾管理不宜使用同一模式和分类标准。调研发现,农村地区对于生活垃圾中可以卖钱的可回收物、可以还田和饲喂畜禽的家庭厨余垃圾,大多数进行了利用处理,一些经济条件较好的地方政府有偿回收了农膜和农药包装物,生活垃圾的总量较少,需要加强管理的种类不完全一致。为此,建议将《草案》第二十五条修改为"本市城市建成区和有条件的农村地区的生活垃圾分为可回收物、有害垃圾、厨余垃圾和其他垃圾。

其他地区的生活垃圾分类标准由市城市管理主管部门会同区县(自治县)人民政府确定。"

(六)关于增加减量指标并设置相应罚则的建议

《草案》第三章规定,市、区县(自治县)人民政府应当按照节约资源、保护生态环境与保障生产生活安全的要求,在生产、流通、消费等领域促进生活垃圾源头减量,并明确了包装、邮政、快递、电子商务经营者、超市、商场及旅游、住宿、餐饮经营者、机关和使用财政性资金的其他组织等行业领域生活垃圾源头减量的责任。但整章没有明确具体的减量目标,缺少可量化、可考核的相关指标,建议增加市人民政府出台生活垃圾减量实施细则的规定,并在第八章设置不履行源头减量的法律责任。

(七)文字方面的修改建议

1.《草案》第七条第二款的"居民区、村党组织"建议修改为"基层党组织"。

2.《草案》第八条的"物业管理"建议修改为"物业服务"。另外,在"旅游"后面增加"、交通"。

3.《草案》第十条第一款"单位"后面建议增加"、家庭"。

4.《草案》第十三条第一款"涉及建设用地或者空间布局的"建议修改为"涉及国土空间规划布局的",第三款"控制性详细规划"建议修改为"详细规划"。

5.《草案》第十五条第三款建议修改为"没有生活垃圾分类收集设施或者已有设施不符合生活垃圾分类标准的,生活垃圾管理责任人应当予以补建、改造并达到标准。"

6.《草案》第十九条第一款建议修改为"从事工艺、设备、产品及包装物设计的企业,应当按照减少资源消耗和废物产生的要求,优先选择采用易回收、易拆解、易降解、无毒无害或者低毒低害的材料和设计方案,并应当符合有关国家标准的强制性要求。"

7.《草案》第二十二条第二款的"市城市管理主管部门应当会同商务、文化旅游、市场监管等部门制定一次性用品的目录清单,并向社会公布。"建议修改为"市人民政府应当定期制定一次性用品的目录清单,并向社会公布。"且单独作为第三款。

8.建议删除《草案》第三十三条第二款,一是因为固废法已有明确规定,二是签订服务协议的除城市管理部门外还有镇街、物业企业等,现在的表述未涵盖完。

9.《草案》第三十七条第一项建议修改为"可回收物交售再生资源回收经营者或者资源综合利用企业进行回收利用。"

10.《草案》第四十四条第三款建议修改为"市人民政府应当出台低值可回收物资源化利用鼓励政策。"

11.《草案》第五十条建议修改为"各级人民政府应当建立生活垃圾管理的考核评价制度,并将考核结果纳入绩效考评体系。"

12.《草案》第六十八条建议增加"低值可回收物"的名词解释。

以上报告,请予审议。

重庆市人大法制委员会
关于《重庆市生活垃圾管理条例（草案）》
修改情况的汇报

——2021年7月26日在市五届人大常委会第二十七次会议上
市人大法制委副主任委员、常委会法制工委主任　邓炳国

市人大常委会：

　　我受市人大法制委员会的委托，现就《重庆市生活垃圾管理条例（草案）》的修改情况汇报如下。

　　2021年5月，市五届人大常委会第二十六次会议对《重庆市生活垃圾管理条例（草案）》（以下简称草案）进行了审议。常委会组成人员普遍认为，实行生活垃圾分类是贯彻落实习近平生态文明思想的具体举措，制定条例对规范生活垃圾管理、促进经济社会可持续发展很有必要。同时，常委会组成人员也提出了一些具体修改意见和建议。

　　会后，市人大法制委、常委会法制工委将草案推送全体市人大代表、部分常委会立法咨询专家征求意见，公开征求社会各界的意见，赴大足区进行实地调研，组织有关部门和单位、基层立法联系点对重点问题开展论证。市人大法制委根据常委会组成人员的审议意见和收集到的其他各方面的意见建议，会同市人大城环委、市城管局对草案进行了修改完善。经2021年7月19日市五届人大法制委员会第四十次会议审议通过，形成了

提请本次常委会会议审议的《重庆市生活垃圾管理条例(草案)》(二次审议稿)(以下简称二次审议稿)。

一、关于生活垃圾分类标准

有意见认为,草案规定的生活垃圾分类标准较为复杂,实践中厨余垃圾、其他垃圾两类垃圾产生量较多,可回收物、有害垃圾产生量较少,建议进一步简化分类标准。

市人大法制委员会会同市城管局研究后认为,按照国家标准,生活垃圾分为可回收物、有害垃圾、厨余垃圾和其他垃圾四类,草案宜与国家标准保持一致。同时,针对不同种类生活垃圾产生量差别较大的实际,法制委员会在二次审议稿第二十八条规定,管理责任人应当"根据不同种类生活垃圾产生量,合理放置可回收物、有害垃圾、厨余垃圾、其他垃圾四类收集容器;厨余垃圾产生量较多的,应当增加厨余垃圾收集容器数量",确保分类收集容器配置与生活垃圾产生情况相适应,便于群众投放垃圾。

二、关于促进生活垃圾相关产业发展

有的常委会组成人员指出,鉴于相关产业对生活垃圾分类工作具有重要意义,建议增加规定。法制委员会采纳了该建议,在二次审议稿第十二条规定,"本市鼓励和支持生活垃圾管理的科技创新,促进新技术、新工艺、新材料、新设备等的研究开发与转化应用,推进生活垃圾分类工作智能化,促进生活垃圾相关产业与现代制造业、现代物流业、现代服务业、现代农业等产业融合发展。"

三、关于管理责任人制度

有的常委会组成人员建议,应当进一步完善管理责任人制度。法制委员会采纳了该建议,在二次审议稿第二十七条作了细化规定,国家机关、企业事业、社会团体等单位的办公场所委托物业服务企业实施物业管理的,物业服务企业为管理责任人;单位自行管理的,单位为管理责任人。住宅小区由业主委托物业服务企业实施物业管理的,物业服务企业为管理责任人。按照上述规定无法确定管理责任人的,由所在地乡镇人民政府、街道办事处确定管理责任人并向责任区域公示;跨行政区域的,由共同的上一级城市管理主管部门确定并向责任区域公示。

四、关于法律责任

有的常委会组成人员建议,增加国家机关及工作人员不履行职责的法律责任。法制委员会采纳了该建议,新增一条作为二次审议稿第五十六条,规定"国家机关、国家工作人员在生活垃圾管理工作中不履行、不正确履行职责的,由其上级主管机关、所在单位责令改正,视情节轻重,对负有责任的领导人员和直接责任人员依法给予处分或者处理。"

有的常委会组成人员建议,进一步细化违反生活垃圾分类投放规定的法律责任的具体情节,增强可操作性。法制委员会采纳了该建议,将二次审议稿第五十九条"情节严重的"的表述调整为"多次违反投放规定或者有其他严重情节的"。

此外,二次审议稿还对部分文字进行了修改,对个别条款顺序进行了调整。

二次审议稿连同以上汇报,请一并审议。

重庆市人大法制委员会
关于《重庆市生活垃圾管理条例(草案)》
审议结果的报告

——2021年9月27日在市五届人大常委会第二十八次会议上

市人大法制委副主任委员、常委会法制工委主任　邓炳国

市人大常委会：

我受市人大法制委员会的委托，现就《重庆市生活垃圾管理条例(草案)》的审议结果报告如下。

2021年7月，市五届人大常委会第二十七次会议对《重庆市生活垃圾管理条例(草案)》(二次审议稿)(以下简称二次审议稿)进行了审议。常委会组成人员普遍认为，二次审议稿完善了生活垃圾分类标准、管理责任人制度、法律责任等规定，更加成熟，同时，也提出了一些具体修改意见和建议。

会后，市人大法制委、常委会法制工委再次公开征求社会各界的意见，书面征求市政府有关部门意见建议，赴荣昌区盘龙镇基层立法联系点调研，组织常委会立法咨询专家、有关部门和单位对审议中的重点问题开展论证。市人大法制委、常委会法制工委会同市人大城环委、市司法局、市城管局，对收集到的各方面意见进行了认真研究，特别是对常委会组成人员的意见十分慎重，进行了反复论证研究，能够采纳的尽量采纳，并对

二次审议稿进行了修改完善。经2021年9月16日市五届人大法制委员会第四十二次会议审议通过,形成了提请本次常委会会议审议的《重庆市生活垃圾管理条例(草案)》(三次审议稿)(以下简称三次审议稿)。

一、关于生活垃圾分类收集设施

市人大城环委建议,进一步明确没有生活垃圾分类收集设施的,应当予以补建并达到标准。法制委员会采纳了该意见,在三次审议稿第十五条中作了相应补充,规定"没有生活垃圾分类收集设施或者已有设施不符合生活垃圾分类标准的,应当予以补建、改造,并达到标准。"

二、关于促进生活垃圾源头减量

有的常委会组成人员建议,应当增加农贸市场配置厨余垃圾处理设施的规定。法制委员会研究后认为,农贸市场配置厨余垃圾处理设施有利于源头减量,鉴于我市农贸市场数量多、差别大,上述厨余垃圾处理设施对场地、资金投入有一定要求,因此在三次审议稿第二十一条中规定,"鼓励有条件的农贸市场安装符合标准的厨余垃圾处理设施,进行就地处理。"

有的常委会组成人员建议,应当对餐厨垃圾进行油水分离,促进源头减量。法制委员会采纳了该意见,在三次审议稿第二十四条作了相应补充,作为第二款,表述为:"鼓励餐厨垃圾产生单位利用新技术、新设备对餐厨垃圾进行油水分离,促进源头减量。"

三、其他修改

有的常委会组成人员认为,二次审议稿第二十条第一款、第二款均对邮政、快递企业应当执行国家快递绿色包装相关标准作了规定,内容重复,建议进一步精简相关表述。法制委员会采纳了该意见,删除了该条第一款。

二次审议稿第三十三条规定,收集、运输、处理单位以及管理责任人发现生活垃圾不符合分类要求的,应当向城市管理主管部门报告。有的常委会组成人员建议,增加城市管理主管部门应当及时处置的规定。法制委员会采纳了该建议,在三次审议稿中作了相应补充。

此外,三次审议稿还对部分文字进行了修改,对个别条款顺序进行了调整。

三次审议稿连同以上报告,请一并审议。

重庆市人大法制委员会
关于《重庆市生活垃圾管理条例(草案)》
修改情况的报告

——2021年11月25日在市五届人大常委会第二十九次会议上

市人大法制委主任委员　邹　钢

市人大常委会：

我受市人大法制委员会的委托,现就《重庆市生活垃圾管理条例(草案)》的修改情况报告如下。

2021年9月27日,市五届人大常委会第二十八次会议对《重庆市生活垃圾管理条例(草案)》(三次审议稿)(以下简称三次审议稿)进行了审议。常委会组成人员普遍认为,三次审议稿已经比较成熟,建议提请表决。同时,也提出了一些具体修改意见和建议。

会后,市人大法制委、常委会法制工委会同市人大城环委、市司法局、市城管局对审议中提出的意见进行了全面梳理研究,对三次审议稿进行了修改完善。经2021年9月28日市五届人大法制委员会第四十三次会议审议,形成了提请常委会会议表决的《重庆市生活垃圾管理条例(草案)》(表决稿)(以下简称表决稿)。

一、关于考核评价制度

有的常委会组成人员指出,生活垃圾管理的考核评价制度应当不断优化,建议补充相关规定。法制委员会采纳了该建议,在表决稿第四十八条中作了相应完善,表述为"市、区县(自治县)人民政府应当建立健全生活垃圾管理的考核评价制度"。

二、关于计量收费

三次审议稿第十一条规定,本市"逐步探索建立计量收费、差别化收费、利于收缴的生活垃圾处理收费制度"。有意见认为,计量收费在实践中较难推行,建议删除。法制委员会认为,《中华人民共和国固体废物污染环境防治法》第五十八条规定生活垃圾处理收费标准应当"体现分类计价、计量收费等差别化管理",三次审议稿规定"逐步探索建立计量收费"符合上位法要求。目前,我市已开始探索计量收费。因此,未作修改。

三、关于其他意见

有的常委会组成人员建议,将三次审议稿第十二条"推进生活垃圾分类工作信息化、智能化"修改为"推进生活垃圾管理工作信息化、智能化"。法制委员会采纳了该意见,在表决稿第十二条中作了调整。

三次审议稿第四十七条规定,"城市管理主管部门应当加强对餐厨垃圾的全过程监管"。有的常委会组成人员建议,结合城市管理主管部门职能职责进行修改完善,使表述更加精准。法制委员会采纳了该意见,在表决稿第四十七条中作了相应调整,表述为"城市管理主管部门应当加强对餐厨垃圾收集、运输、处理的全过程监管"。

三次审议稿第十七条规定"禁止擅自关闭、占用、闲置或者拆除生活垃圾收集、转运和处理设施、场所"。有的常委会组成人员建议增加相应

法律责任。法制委员会研究后认为,《中华人民共和国固体废物污染环境防治法》已经对上述禁止性行为的法律责任作了规定,不宜重复规定。因此,未作修改。

三次审议稿第三十一条规定,"从事生活垃圾经营性清扫、收集、运输和处理的单位,应当按照国家规定依法取得相应许可证。"有的常委会组成人员建议,按照"放管服"改革要求,进一步斟酌该规定,细化许可条件。法制委员会认为,上述许可是国务院明确保留的行政审批项目,住房城乡建设部规章《城市生活垃圾管理办法》已对行政许可条件作了细化。因此,未作修改。

此外,表决稿还对一些文字进行了修改。

表决稿如获本次常委会会议通过,建议自2022年3月1日起施行。

表决稿连同以上报告,请一并审议。

重庆市城市管理综合行政执法总队关于印发学习宣传贯彻《重庆市生活垃圾管理条例》实施方案的通知[*]

各区县(自治县)城市管理综合行政执法支队,两江新区、万盛经开区城市管理综合行政执法支队,重庆高新区综合执法局,总队各处室、执法支队:

现将《重庆市城市管理综合行政执法总队学习宣传贯彻〈重庆市生活垃圾管理条例〉实施方案》印发给你们,请认真抓好贯彻落实。

重庆市城市管理综合行政执法总队

2022年3月14日

---

[*] 重庆市城市管理综合行政执法总队文件(渝城管执法总队〔2022〕9号)。

重庆市城市管理综合行政执法总队
学习宣传贯彻《重庆市生活垃圾管理条例》实施方案

《重庆市生活垃圾管理条例》(以下简称《条例》)已于2022年3月1日起施行。为学习宣传贯彻好《条例》,大力营造良好的生活垃圾管理法治环境,根据市政府3月4日召开的全市生活垃圾分类工作电视电话会议精神和《重庆市城市管理局关于印发学习宣传贯彻〈重庆市生活垃圾管理条例〉实施方案的通知》(渝城管局〔2022〕9号)要求,特制定本实施方案。

一、总体要求

坚持以习近平新时代中国特色社会主义思想为指导,深入贯彻落实党的十九大、十九届历次全会精神和习近平总书记关于生活垃圾分类工作的重要指示批示精神,以实现生活垃圾减量化、资源化、无害化为总目标,以执法人员学习理解《条例》、市民群众知晓《条例》、社会各界遵守《条例》为重点,开展主题突出、形式多样、内容丰富、精准到位的普法宣传活动,营造浓厚的生活垃圾分类工作法治氛围,不断提高市民对《条例》的知晓度、法治实践的参与度,带动广大市民积极投身生活垃圾分类工作,为扎实推进生活垃圾监管执法工作打下坚实基础。

二、宣传主题

坚持严格规范公正文明执法,推动养成生活垃圾分类好习惯。

三、宣传时间

2022年3月1日至5月31日,为期三个月。

四、形式和内容

(一)学习贯彻的形式和内容。

1.组织执法人员专题学习。各区县(自治县)城市管理综合行政执法支队,两江新区、万盛经开区城市管理综合行政执法支队,重庆高新区综合执法局(以下简称各区县城市管理执法机构)要充分认识执法人员带头学习贯彻《条例》的重要性,立足单位职责,结合工作实际,扎实开展系列学习宣传活动,为贯彻实施《条例》营造良好氛围。要配发《条例》单行本等学习资料,组织发动执法人员个人自学。在自学基础上,采取学习原文、观点讨论、条款解读、案例讲解等多种形式组织专题学习,让执法人员真正学懂弄通《条例》的立法精神、主要内容和重要条文,不断提高执法能力水平。

2.纳入执法人员培训计划。各区县城市管理执法机构要按照《重庆市城市管理局关于印发2022年重庆市城市管理执法培训工作方案的通知》(渝城管局〔2022〕12号)要求,科学安排执法人员参加相关培训班次。要结合执法队伍现状和工作实际,制定年度培训计划,区分不同层次和对象,组织开展有针对性的业务培训,引导执法人员领会《条例》意义,掌握《条例》内容,明确工作职责,熟悉工作要领,创新执法方式,提升工作能力和执法效能。

(二)普法宣传的形式和内容。

1.开展《条列》宣传"进机关"。针对机关事业单位工作环境特点,着重加强两方面的宣传。一是对单位工作人员,要宣传倡导文明新风和文明生活方式,明确分类责任,提倡生活垃圾源头减量,在分类工作中起到示范带头作用,减少使用一次性办公用品。二是针对单位食堂,重点宣传不主动提供一次性用品;推进"光盘行动";厨余垃圾实行每日定时定点收集、运输,做到垃圾日产日清等相关内容。

2. 开展《条列》宣传"进企业"。要针对不同类型的企业突出不同的重点宣传内容,让企业明确自身责任,不断提升企业法治素养,促进企业形成良好的法治规则意识。对餐饮企业,要重点宣传餐厨垃圾产生单位应当定期向城市管理主管部门申报餐厨垃圾的种类、数量等基本情况;将餐厨垃圾交给符合规定的收集、运输单位等内容。对生活垃圾运输企业,重点宣传分类收集、运输生活垃圾;将生活垃圾运输到指定转运站或者处理场所;建立管理台账,如实记录生活垃圾的来源、种类、数量、去向等内容。对生活垃圾处置企业,重点宣传按照规定分类接收并分类处理生活垃圾;不得擅自处理市外生活垃圾和生活垃圾以外的其他固体废物等相关内容。

3. 开展《条列》宣传"进学校"。以幼儿园、中小学为重点,覆盖到各级各类学校,针对不同学段明确重点普法内容,推动学生习惯养成。联合学校组建青少年志愿服务队伍,开展垃圾分类演讲和知识竞赛,广泛开展城市管理执法机构、家庭、学校联动的"小手拉大手"主题活动,实现"教育一个孩子、影响一个家庭、带动一个社区"的目标。

4. 开展《条列》宣传"进小区"。加强与社区居委会的协作,推行"党建+物业""党建+志愿服务"模式,鼓励将垃圾分类纳入居民公约、"门前三包"和"五长制"内容。针对小区居民,健全完善社区居民普法教育机制,利用公益广告、标语、宣传栏、发放倡议书等形式,让小区居民树立垃圾分类意识,知晓并自觉履行产生生活垃圾的家庭、个人应当依法履行生活垃圾源头减量和分类投放的法律义务,承担生活垃圾产生者的法律责任。对小区物业服务企业,要及时送法上门,大力宣传《条例》中与物业服务企业相关的条款,如《条例》规定,物业服务企业是小区生活垃圾管理责任人,管理责任人要自觉履行生活垃圾分类知识宣传普及;引导、监督单位和个人正确实施生活垃圾分类;合理放置收集容器并保持周边清洁;将分类投放的生活垃圾交给符合规定的单位分类收集、运输,并签订生活垃圾收集运输服务合同;及时制止混合已分类生活垃圾的行为等相关内容。

5.开展《条列》宣传"进市场"。要会同各类市场主体管理责任人加强《条例》的宣传,引导和支持各类经营性市场主体依法依规执业,发挥好行业自律,实现行业自我约束,不断提升市场主体管理责任人依法管理能力。对农贸市场,重点宣传推行"净菜上市",产生的"其他厨余垃圾"要分类及时清运。对其他各类专业市场(如家具市场、建材市场等),重点宣传严格"限塑",减少过度包装,鼓励环保包装等相关内容。

五、工作要求

(一)高度重视,加强领导。《条例》是我市生活垃圾治理的重要法治创新成果,是全面推行生活垃圾分类制度的重要法治保障,其颁布施行对于维护人民生命健康安全、推进生态文明建设、促进经济社会可持续发展具有重要意义。各区县城市管理执法机构要进一步提高政治站位,牢记"国之大者",加强对辖区内城市管理执法队伍普法宣传工作的组织领导,系统谋划、精准施策,确保《条例》的学习宣传贯彻落到实处。

(二)强化责任,抓好落实。各区县城市管理执法机构要全面落实"谁执法谁普法"普法责任制,推动《条例》全方位、全过程、全覆盖的普法宣传。结合执法工作的特点,针对不同的普法对象,要加强与区县城市管理局管理科室的密切配合,充分利用区县城市管理局的宣传资源,不断强化《条例》中与执法相关内容的宣传。要层层压实责任,监督指导街镇城市管理执法队伍开展普法宣传,做好送法上门,确保《条例》宣传贯彻的精准性和覆盖面。

(三)普法执法,统筹兼顾。各区县城市管理执法机构,要抓好《条例》的学习培训,让执法人员学懂学透《条例》;要抓好《条例》的普法宣传,结合"三月法治宣传月"、"3·19"城市管理服务主题周活动等契机,采取线上宣传和线下活动相结合,开展系列宣传活动,让市民和社会各界不断增强尊法学法守法用法的自觉性和主动性;要抓好生活垃圾的监管执法,依法查处违反《条例》的违法行为,适时曝光违法典型案例,在全社会形成震慑效应,做到普法执法两不误、两促进。

(四)加强督导,确保效果。总队将组建巡查督导组,采取"马路办公"、日常巡查、明察暗访等方式,对各区县城市管理执法机构开展学习宣传的情况和监管执法情况进行调研和督导,巡查督导情况将适时进行通报。各区县城市管理执法机构在普法执法过程中,对《条例》理解与适用方面遇到的困难和问题,可及时报告总队。

请各区县城市管理执法机构要按照要求将附件1、2、3报送至邮箱：scgzdyllhzfzd@163.com,联系人:(略),电话:(略)。

附件:1.学习宣传贯彻《重庆市生活垃圾管理条例》情况统计表

2.《重庆市生活垃圾管理条例》宣贯期间查办案件情况统计表

3.学习宣传贯彻《重庆市生活垃圾管理条例》联系人反馈表

附件1

学习宣传贯彻《重庆市生活垃圾管理条例》情况统计表

填报单位：　　　　　　　　填报日期：　　年　　月　　日

序号	项目数量	次(份、块、个、期、件、篇)数		受教育人次	
		当月	累计	当月	累计
1	开展广场主题宣传活动				
2	开展志愿服务活动				
3	发放宣传资料				
4	制作展示宣传展板				
5	制作新媒体产品(短视频、H5、抖音等)			/	/
6	播放视频(公益宣传片、专题宣传片、短视频、微电影1等)			/	/
7	执法人员专题学习				
8	执法人员培训				
9	《条列》宣传"进机关"				
10	《条列》宣传"进企业"				
11	《条列》宣传"进学校"				
12	《条列》宣传"进小区"				
13	《条列》宣传"进市场"				
14	开展《条例》宣传贯彻工作的新闻宣传			/	/
15	开展生活垃圾监管执法工作的新闻宣传			/	/
16	学习宣传贯彻《条例》的特色亮点、经验做法和创新举措(用文字简单表述)				

备注：本表请于3月31日、4月30日、5月31日填报。

附件2

《重庆市生活垃圾管理条例》宣贯期间查办案件情况统计表

填报单位：　　　　　　　　　　填报日期：　　年　　月　　日

项目 序号	案件名	案件来源	立案时间	推进情况			
1							
2							
3							
4							
……							
案件种类及总数	规划建设类(件)	分类投放类(件)		清扫收集类(件)	运输类(件)	处理类(件)	其他(件)	案件总数(件)
		单位	个人					

备注：1.本表请于3月31日、4月30日、5月31日填报。

　　　2.推进情况填写案件立案后到结案整个过程中的一些关键节点。

附件3

学习宣传贯彻《重庆市生活垃圾管理条例》联系人反馈表

填报单位：　　　　　　　　　　填报日期：　　年　　月　　日

联络人	姓名	职务	联系电话	备注
牵头负责人				
具体联系人				

说明：1.请各区县执法支队于3月18日（星期五）前报送至电子邮箱：scgzdyllhzfzd@163.com

2.请各区县执法机构联络人加入总队建立的"固体废弃物监管执法工作群"（总队统计各区联络人信息后，会将联络人拉进工作群）。（此工作群只用于固体废弃物监管执法工作交流）

填报人：　　　　　　　　　　　　　　　　联系电话：

重庆市城市管理综合行政执法总队综合处

2022年3月14日印发

重庆市城市管理综合行政执法总队
关于开展2022年生活垃圾监管执法专项行动的通知[*]

各区县(自治县)城市管理综合行政执法支队,两江新区、万盛经开区城市管理综合行政执法支队,西部科学城重庆高新区综合执法局,总队各处室、执法支队:

为深入贯彻习近平生态文明思想和习近平总书记关于垃圾分类工作的系列重要指示批示精神,贯彻落实《中共中央 国务院关于深入打好污染防治攻坚战的意见》和《住房和城乡建设部等部门印发〈关于进一步推进生活垃圾分类工作的若干意见〉的通知》(建城〔2020〕93号)精神,按照中央生态环保督察整改工作推进会暨全市生态环境保护大会的部署要求,持续巩固深化近年来

生活垃圾分类监管执法工作成果,切实抓好《重庆市生活垃圾管理条例》(以下简称《条例》)落地见效,市城市管理综合行政执法总队(以下简称总队)决定在全市范围内开展2022年生活垃圾监管执法专项行动(以下简称执法行动)。现将有关事项通知如下。

一、总体要求

(一)指导思想。以习近平新时代中国特色社会主义思想为指导,全面贯彻党的十九大和十九届历次全会精神,坚持以人民为中心的发展思想,坚持问题导向、结果导向、目标导向,加强生活垃圾分类投放、分类收

---

[*] 重庆市城市管理综合行政执法总队文件(渝城管执法总队〔2022〕34号)。

集、分类运输、分类处理的全过程监管执法,加快构建以法治为基础、政府推动、全民参与、城乡统筹、因地制宜的垃圾分类长效机制,努力把重庆建设成为山清水秀美丽之地。

(二)工作目标。在为期3个月的《条例》宣传贯彻工作基础上,通过开展执法行动,依法查处生活垃圾管理全过程各环节各方面发现的突出违法行为,持续巩固生活垃圾监管执法实效,不断提高生活垃圾减量化、资源化、无害化水平,切实推动公民、法人和其他组织投身生态文明建设的思想自觉和行动自觉,为我市生活垃圾管理提供坚强有力的执法服务保障。

二、实施时间

2021年6月1日至11月30日,为期半年。

三、实施范围

依据《重庆市生活垃圾管理条例》第二条规定,本次执法行动的范围为本市行政区域。

四、依法查处重点

根据《固体废弃物污染环境防治法》、《城市生活垃圾管理办法》(建设部令第157号)、《重庆市市容环境卫生管理条例》、《重庆市生活垃圾管理条例》、《重庆市生活垃圾分类管理办法》(市政府令第324号)、《重庆市餐厨垃圾管理办法》(市政府令第226号)等法律法规规章的规定,依法查处生活垃圾配套项目规划建设,生活垃圾分类投放、分类收集、分类运输、分类处置等5个环节的25类突出违法行为。

(一)规划建设和许可环节

1.依法查处新建、改建或者扩建的建设项目配套生活垃圾分类收集设施未达到规划设计要求,或者未与主体工程、首期工程

同时交付使用的违法行为。(《条例》第五十八条)

2.依法查处未按照城市生活垃圾治理规划和环境卫生设施的设置标准,配套建设城市生活垃圾收集设施的违法行为。(《城市生活垃圾管理办法》第三十九条)

3.依法查处城市生活垃圾处置设施未经验收或者验收不合格投入使用的违法行为。(《城市生活垃圾管理办法》第四十条)

4.依法查处擅自关闭、闲置或者拆除生活垃圾处理设施、场所的违法行为。(《固体废弃物污染环境防治法》第一百一十一条第一款第二项)

5.依法查处未取得相应生活垃圾经营许可证,擅自从事生活垃圾经营性清扫、收集、运输、处理的违法行为。(《条例》第六十二条)

(二)生活垃圾投放环节

1.依法查处单位或者个人多次违反投放规定未在指定地点分类投放生活垃圾或者有其他严重情节的违法行为。(《条例》第五十九条)

2.依法查处生活垃圾分类投放和收集管理责任人未开展宣传工作,指导、监督单位和个人进行生活垃圾分类投放,对不符合分类投放要求的行为未予以劝告、制止的违法行为。(《重庆市生活垃圾分类管理办法》第十六条第一款第二项)

3.依法查处生活垃圾管理责任人将其他垃圾交由不符合规定的单位

进行经营性收集、运输或者处理的违法行为。(《条例》第六十一条第二款)

4.依法查处生活垃圾管理责任人将其他垃圾交由不符合规定的单位进行经营性收集、运输或者处理的违法行为。(《城市生活垃圾管理办法》第四十二条)

5.依法查处将餐厨垃圾排入雨水管道、污水排水管道、河道和厕所的违法行为。(《重庆市餐厨垃圾管理办法》第八条第三项)

(三)生活垃圾收集环节

1.依法查处生活垃圾管理责任人未按照要求设置收集容器或者指定投放地点的违法行为。(《条例》第六十一条)

2.依法查处生活垃圾集中转运设施的运营管理单位未按照规定密闭存放厨余垃圾和其他垃圾，或者存放时间超过二十四小时的违法行为。(《条例》第六十五条)

3.依法查处生活垃圾分类投放和收集管理责任人未制定生活垃圾分类日常管理措施,建立生活垃圾分类管理台账的违法行为。(《重庆市生活垃圾分类管理办法》第十六条第一款第一项)

4.依法查处生活垃圾分类投放和收集管理责任人未保持分类收集容器齐全、完好、整洁的违法行为。(《重庆市生活垃圾分类管理办法》第十六条第一款第三项)

5.依法查处生活垃圾分类投放和收集管理责任人未将分类投放后的生活垃圾集中收集到满足运输条件、符合环境控制要求的地点贮存的违法行为。(《重庆市生活垃圾分类管理办法》第十六条第一款第四项)

(四)生活垃圾运输环节

1.依法查处生活垃圾运输单位将已分类投放的生活垃圾混合运输,或者未分类接收生活垃圾的违法行为。(《条例》第六十三条)

2.依法查处生活垃圾运输单位未在车身显著位置标明所运输生活垃圾的类别的违法行为。(《条例》第六十四条第一项)

3.依法查处生活垃圾运输单位未将生活垃圾运输到指定转运站或者处理场所的违法行为。(《条例》第六十四条第二项)

4.依法查处生活垃圾运输单位未建立或者未如实记录管理台账的违法行为。(《条例》第六十四条第三项)

5.依法查处运输单位未制定应急预案的违法行为。(《重庆市生活垃圾分类管理办法》第二十五条第六项)

(五)生活垃圾处理环节

1.依法查处餐厨垃圾产生单位未定期向所在地的区县(自治县)城市管理主管部门申报餐厨垃圾的种类、数量等基本情况,被城市管理主管部门责令限期申报后逾期未申报的违法行为。(《条例》第六十条)

2.依法查处生活垃圾处理单位未建立或者如实记录管理台账的违法行为。(《条例》第六十六条第一项)

3.依法查处生活垃圾处理单位擅自处理市外生活垃圾或者生活垃圾以外的其他固体废物的违法行为。(《条例》第六十六条第二项)

4.依法查处生活垃圾处置单位未按照要求分类接收并分类处置生活垃圾的违法行为。(《重庆市生活垃圾分类管理办法》第三十二条第一项)

5.依法查处生活垃圾处置单位未制定应急预案的违法行为。(《重庆市生活垃圾分类管理办法》第三十二条第六项)

五、工作步骤

(一)组织发动阶段(6月1日至6月20日)。总队制定印发通知,对执法行动作出安排部署,明确总体要求、实施时间、实施范围、依法查处重点、工作步骤和工作要求。各区县执法支队要结合辖区实际,研究制定执法行动实施方案,明确目标,细化任务,压实责任,迅速启动实施执法行动。

(二)依法查处阶段(6月21日至11月10日)。各区县执法支队要坚持源头严防、过程严管、风险严控的原则,持续用好《条例》宣传贯彻"五进"措施,根据《条例》第二十七条和二十八条规定,深入相关单位和场所,对生活垃圾管理责任人履行生活垃圾管理责任和遵守相关规定的情况加强执法巡查,以此为突破口依法查处5个环节25类突出违法行为,高标准、高质量、高效率推动执法行动。

(三)巩固提升阶段(11月11日至11月30日)。各区县执法支队要充分采取媒体宣传、典型案例曝光、信用监管等措施,形成监管执法震慑效应。要及时总结执法行动的经验做法,认真查找存在的短板和弱项,深入分析存在问题的深层次原因,进一步健全完善生活垃圾监管执法长效机制,切实提高生活垃圾监管执法质量和水平。

六、工作要求

(一)加强领导,压实责任。总队负责执法行动的统筹协调,通过调研指导和督查督办等方式,推动落实市、区县、镇街三级执法队伍的执法联动。各区县执法支队要加强对辖区执法行动的组织领导,指导辖区镇街执法队伍对标对表制定执法行动实施方案。镇街执法大队要建立分片包干网格化监管执法责任制,定人、定岗、定责落实生活垃圾管理全过程各环节各方面监管执法责任,全域、全过程、全覆盖开展生活垃圾监管执法,确保执法行动取得实效。

(二)凝聚合力,营造氛围。各区县执法支队要加强与辖区相关部门的执法协作。要联合市场监管、农业农村等部门将厨余垃圾的处理和流向纳入日常监督管理范围;要联合公安、交通等部门加强对厨余垃圾收运车辆的执法检查;要加强与辖区住房和城乡建设部门的对接,及时向对方提供物业服务企业未履行分类投放管理责任情况,切实加大对物业服务企业的监管;要及时向市场监管部门提交生活垃圾收集、运输和处理的行政处罚结果,共同加强企业信用监管,构建部门联合、齐抓共管的综合监管机制。要向社会公布举报和投诉方式,鼓励公众参与生活垃圾管理的监督活动,营造依法严查重处、社会广泛参与的良好法治氛围。

(三)规范执法,防控风险。各区县执法支队要认真贯彻执行《行政处罚法》《城市管理执法办法》《城市管理执法行为规范》,全面推行城市管理执法"三项制度"。要根据执法行动推进情况加强工作研判,因时因势调整工作着力点和应对举措。要全面推行"721"工作法,正确处理好对居民未分类投放生活垃圾的处置方式和力度,做到执法方式适当、措施适当、行为适当。要加强执法风险防范,制定突发事件应急预案,坚决防止和避免因执法不当、粗暴执法等引起的舆情案件和社会不稳定事件。

（四）加强监督，确保成效。总队将组建巡查督导组，采取"马路办公"、日常巡查、明察暗访、调研督导等方式，对执法行动期间执法巡查不到位、案件查处不力、信访投诉举报处置不及时、工作台账记录不规范等现象进行检查通报。各区县执法支队要加强对镇街执法队伍责任落实情况和执法工作效果的日常检查，及时研究解决工作中存在的困难和问题，确保执法行动取得实实在在成效。

各区县执法支队要安排专人负责信息收集报送工作，按照附件要求及时向总队报送相关表格（附件1、2、3、4、5），并于6月20日前报送执法行动实施方案，11月30日前报送执法行动工作总结。

联系人：（略），联系电话：（略），电子邮箱：scgzdyllhzfzd@163.com.

附件：

1.2022年生活垃圾监管执法专项行动基本情况统计表

2.2022年生活垃圾监管执法专项行动执法检查情况统计表

3.2022年生活垃圾监管执法专项行动查处案件分类情况统计表

4.2022年生活垃圾监管执法专项行动查办案件明细表

5.2022年生活垃圾监管执法查处案件分类情况统计表

6.2022年生活垃圾监管执法专项行动联系人反馈表

重庆市城市管理综合行政执法总队

2022年5月3日

2022年生活垃圾监管执法专项行动基本情况统计表（2022年　月）

填报单位：　　　　　　　　　　　　　　　　　　　　　　　　　　　　　　　　　　　填报时间：2022年　月　日

项目\区域		出动执法人（人次）	出动执法车辆（台次）	检查住宅小区（个）	检查学校（个）	检查市场（个）	检查餐厨垃圾产生单位（个）	检查生活垃圾处理企业（个）	检查集中收集点转运站（个）	检查公园客运站等公共场所（个）	检查生活垃圾运输车辆（台次）	开展联合执法（次）	开展宣传活动（次）	宣传教育（人次）
城市	本月													
	累计													
其他区	本月													
	累计													

说明：从6月起每月最后一个工作日报送当月情况，最后一个工作日后如有双休日，纳入下月统计，11月的统计情况随工作总结在当月底一并报送。

审核人：　　　　　　　　　　　填报人：　　　　　　　　　　　电话：

2022年生活垃圾监管执法专项行动执法巡查情况统计表（2022年 月）

填报单位：　　　　　　　　　　　　　　　　　　　　　　　　填报日期：　年　月　日

巡查区域名称	管理责任人	巡查时间	发现问题	处置方式	备注

说明：1.从6月起，每月最后一个工作日报送当月情况；最后一个工作日后如有双休日，纳入下月统计；11月的统计情况随工作总结在当月底一并报送。
2.如巡查区域以城市建成区以外的乡镇和村社，请在备注栏标注"其他区域"字样。

审核人：　　　　　　　　填报人：　　　　　　　　电话：

2022年生活垃圾监管执法专项行动查处案件分类情况统计表（2022年　月）

填报单位：　　　　　　　　　　　　　　　　　　　　　　　　　　　填报日期：　　年　　月　　日

类别	项目	查办案件情况									
		规划建设和许可环节		分类投放环节		分类收集环节		分类运输环节		分类处理环节	
		单位	个人	单位	个人	单位	个人	单位	个人	单位	个人
城市	本月案件数量										
	累计案件数量										
	本月处罚金额										
	累计处罚金额										
其他区域	本月案件数量										
	累计案件数量										
	本月处罚金额										
	累计处罚金额										

说明：1.从6月起，每月最后一个工作日报送当月情况；最后一个工作日后如有双休日，纳入下月统计；11月的统计情况随工作总结在当月底一并报送。
2.案件数量的累计和处罚金额的累计均指执法行动以来新立案产生的累计数。

审核人：　　　　　　　　　　　填报人：　　　　　　　　　　　电话：

2022年生活垃圾监管执法专项行动查办案件明细表（2022年 月）

填报单位：　　　　　　　　　　　　　　　　　　　　　　　　　填报日期： 年 月 日

序号	项目	案件名	案件来源	立案时间	案件办理情况	备注

说明：1. 从6月起，每月最后一个工作日报送当月情况；最后一个工作日后如有双休日，纳入下月统计；11月的统计情况随工作总结在当月底一并报送。

2. 为避免查办案件重复统计，该表只统计执法行动期间立案查处的案件。

3. 如查案区域为城市建成区以外的乡镇和村社，请在备注栏标注"其他区域"字样。

审核人：　　　　　　　　　填报人：　　　　　　　　　电话：

附件4

2022年生活垃圾监管执法查处案件分类情况统计表

填报单位：　　　　　　　　　　　　　　　　　　　　　填报时间：　　年　　月　　日

类别	项目	查办案件情况									
		规划建设和许可环节		分类投放环节		分类收集环节		分类运输环节		分类处理环节	
		单位	个人	单位	个人	单位	个人	单位	个人	单位	个人
案件数量	1月—2月										
	3月—5月										
	6月—11月										
	12月										
处罚金额	1月—2月										
	3月—5月										
	6月—11月										
	12月										

说明：1.为全面完整统计2022年生活垃圾监管执法查处案件情况，请各区县执法支队在6月20日前填报1月—2月，3月—5月的新立案件数量和处罚金额数，在12月31日前填报6月—11月和12月相关数据。尚未办结的，只统计案件数量。

2.本表数据统计范围为各区县行政区域内。

审核人：　　　　　　　　　　　填报人：　　　　　　　　　　　电话：

附件5

2022年生活垃圾监管执法专项行动联系人反馈表

填报单位：　　　　　　　　　　　　　　　　　　　　　填报时间：　　年　　月　　日

联络人	姓名	职务	手机号码	备注
牵头负责人				
具体联系人				

说明：1. 为便于本次执法行动指挥调度及沟通协调，请各区县执法支队于6月20日（星期一）前将此表报送总队，本表在执法行动期间只需报送一次，如有人员调整，请及时报告总队。

2. 请各区县执法支队联络人加入总队建立的"生活垃圾监管执法工作群"（总队统计各区县联络人信息后，会将联络人拉进工作群）。

填报人：　　　　　　　　　　　　　　　

审核人：　　　　　　　　　　　　　电话：

重庆市城市管理综合行政执法总队关于学习宣传贯彻《重庆市生活垃圾管理条例》有关情况的通报[*]

各区县(自治县)城市管理综合行政执法支队,两江新区、万盛经开区城市管理综合行政执法支队,西部科学城重庆高新区综合执法局,总队各处室、执法支队:

为营造良好的生活垃圾管理法治环境,根据市政府2022年3月4日召开的全市生活垃圾分类工作电视电话会议的部署要求和《重庆市城市管理局关于印发学习宣传贯彻〈重庆市生活垃圾管理条例〉实施方案的通知》(渝城管局〔2022〕9号)的工作安排,市城市管理综合行政执法总队(以下简称总队)在2021年生活垃圾分类监管执法专项行动取得阶段性成果的基础上,从2022年3月1日至5月31日开展了为期3个月的学习宣传贯彻《重庆市生活垃圾管理条例》专项工作(以下简称专项工作)。现将学习宣传贯彻《条例》有关情况通报如下。

一、基本情况

自2022年3月1日开展专项工作以来,总队坚持以习近平新时代中国特色社会主义思想为指导,指挥调度全市城市管理执法机构同向发力,履职尽责,积极作为,围绕实现生活垃圾减量化、资源化、无害化总目标,以执法人员学习理解《条例》、市民群众知晓《条例》、社会各界遵守《条例》为

---

[*] 重庆市城市管理综合行政执法总队(红头〔2022〕—57)。

重点,组织开展主题突出、形式多样、内容丰富、精准到位的普法宣传活动,大力营造生活垃圾管理工作浓厚法治氛围,不断提高市民对《条例》的知晓度、法治实践的参与度,带动广大市民积极投身生活垃圾分类工作,为扎实推进生活垃圾监管执法工作打下坚实基础。宣贯期间,全市共开展广场主题宣传活动893次、志愿服务活动3954次,发放宣传资料57.6万份,制作宣传展板3043块、新媒体产品(短视频、H5、抖音等)562个,播放视频(公益宣传片、专题宣传片、短视频、微电影等)15930次,组织执法人员专题学习915次、执法人员培训1240次,开展《条列》宣传"进机关"2116次、"进企业"1865次、"进学校"1420次、"进小区"3611次、"进市场"945次,开展《条例》宣传贯彻工作的新闻报道191次、生活垃圾监管执法工作的新闻报道65次,宣贯期间共立案136件,共处罚款70500元。

二、主要做法

(一)加强组织领导,责任落实到位。垃圾分类工作是贯彻习近平生态文明思想、推进生态文明建设的重要举措,是推动高质量发展、创造高品质生活的重要内容。总队主要领导高度重视,亲自动员、亲自部署,围绕《条例》宣贯工作要求,精心制定方案,组织召开指挥调度会议,梳理重点难点痛点问题,狠抓工作落实,确保《条例》宣贯工作落地见效。按照"市级统筹、区级组织、街镇落实"原则,总队制定印发《关于学习宣传贯彻〈重庆市生活垃圾管理条例〉实施方案的通知》(渝城管执法总队〔2022〕9号),明确宣传的形式和内容,制定出台任务清单。各区县城市管理综合行政执法支队采取"培训+宣传+执法"的方式,抽调专门力量组织开展

《条例》宣贯工作,通过《条例》宣贯"五进"(进机关、进企业、进学校、进小区、进市场)等活动,对生活垃圾投放责任人、管理责任人和收集、运输、处理企业,开展普法宣传和执法检查,使《条例》宣贯工作细化落实到生活垃圾管理全过程各环节各方面。各区县执法支队与辖区相关部门各司其职、各负其责,齐抓共管积极稳妥推进各项工作,不断强化《条例》主要内容特别是行政执法相关内容的宣传,做到全面覆盖、突出重点,推动《条例》宣贯工作走深走实。

(二)加强督促指导,工作推进有序。总队坚持问题研判与指挥调度相结合,组织开展执法调研,并在全市城市管理执法工作月度调度会议上通报《条例》宣贯工作开展情况,明确下阶段工作重点,提出下阶段工作要求。坚持巡查督导与问题处置相结合,加大日常检查频次,加大巡查督导和督查督办力度,发现问题立即通知辖区执法支队查办处理。在总队统一指挥调度下,各区县执法支队适时调整工作重心,强化区域联动,层层压实责任,市、区县、镇街三级同频共振、同向发力,确保《条例》宣贯工作有序推进。

(三)加强措施落实,普法执法统筹推进。在总队的统一调度下,各区县执法支队以《条例》宣贯进企业为抓手,聚焦物业服务企业、餐饮企业、生活垃圾运输企业、生活垃圾处置企业等重要责任主体,不断加大普法宣传力度,切实提升企业法治素养和法治意识。以进小区为抓手,通过普法宣传,充分引导广大市民树立垃圾分类意识,知晓并自觉履行产生生活垃圾的家庭、个人应当依法履行生活垃圾源头减量和分类投放的法律义务,有力推动自觉履行《条例》法治氛围的形成。在抓好《条例》宣贯的同时，坚持"普法+执法"双向发力。在立案查处的136件案件中，其中查处规划建设和许可环节违法案件3件，查处分类投放环节违法案件94件（其中查处单位25件，个人69件），查处清扫收集环节违法案件14件，查处运输环节违法案件19件，查处处理环节违法案件6件，做到了生活垃圾管理全过程各环节各方面监管执法的全覆盖。通过加大执法力度，并适时适度曝光违法典型案例，形成震慑效应，推动市民和社会各界不断增强尊法学法守法用法的自觉性和主动性，做到普法执法两不误、两促进。

（四）加强依法执法，维护稳定大局。各区县执法支队严格按照总队要求开展宣贯和执法工作，认真贯彻执行《城市管理执法行为规范》，全面推行城市管理执法"三项制度"，坚持执法全过程记录制度，做到全程留痕、可回溯管理，做到执法方式适当、措施适当、行为适当，监管执法专项行动期间未发生一起执法冲突和负面舆情事件，执法人员大局意识、风险意识、服务意识不断增强。

三、下一步工作打算

《条例》宣贯工作取得了阶段性成效，但宣传的广度和深度还有待进一步提高，对生活垃圾管理全过程各环节各方面监管执法力度还需进一步加大。下一步，总队将深学笃用习近平生态文明思想，贯彻落实《中共中央 国务院关于深入打好污染防治攻坚战的意见》和《住房和城乡建设部等部门印发〈关于进一步推进生活垃圾分类工作的若干意见〉的通知》（建城〔2020〕93号）精神，按照中央生态环保督察整改工作推进会暨全市生态环境保护大会的部署要求,从6月至11月,在全市范围内开展为期半年的2022年生活垃圾监管执法专项行动。此次执法行动,将在总结前两年生活垃圾分类监管执法专项行动和《条例》宣贯工作经验做法的基础上,找准差距不足和薄弱环节,探索破题解题措施办法,切实压实责任,依法查处生活垃圾管理全过程各环节各方面突出违法行为,持续巩固生活垃圾监管执法实效,不断提高生活垃圾减量化、资源化、无害化水平,切实增强生态文明建设的思想自觉和行动自觉,为我市生活垃圾管理提供坚强有力执法服务保障。

重庆市城市管理综合行政执法总队

2022年6月10日

重庆市城市管理综合行政执法总队
关于2022年生活垃圾监管执法专项行动开展情况的通报[*]

各区县(自治县)城市管理综合行政执法支队,两江新区、万盛经开区城市管理综合行政执法支队,西部科学城重庆高新区综合执法局,总队各处室、执法支队:

为深入贯彻习近平生态文明思想和习近平总书记关于垃圾分类工作的系列重要指示批示精神,贯彻落实《中共中央 国务院关于深入打好污染防治攻坚战的意见》和《住房和城乡建设部等部门印发〈关于进一步推进生活垃圾分类工作的若干意见〉的通知》(建城〔2020〕93号)精神,按照中央生态环保督察整改工作推进会暨全市生态环境保护大会的部署要求,持续巩固深化近年来生活垃圾分类监管执法工作成果,切实抓好《重庆市生活垃圾管理条例》(以下简称《条例》)落地见效,市城市管理综合行政执法总队(以下简称总队)于2022年6月1日至11月30日在全市范围内组织开展了2022年生活垃圾监管执法专项行动(以下简称执法行动)。全市各级城市管理执法机构依法履职、积极作为,取得了较好成效,实现了预期目标任务。现将执法行动开展情况通报如下。

一、基本情况

2022年6月至11月期间,各区县(自治县和两江新区、西部科学城重庆高新区、万盛经开区)(以下简称各区县)城市管理执法机构按照总队统

---

[*] 重庆市城市管理综合行政执法总队(红头〔2022〕—112)。

一安排部署,强化措施、落实责任,多层面推进、全范围实施,取得较好的工作成效。执法行动期间,总队共出动执法人员89人次,开展生活垃圾分类宣传教育464次,检查生活垃圾分类责任单位57个次,检查生活垃圾分类运输车辆32台次,发现问题16个次,现场督促整改和移交辖区城市管理执法机构处理14件次,下达整改通知书2份,立案调查2件,处罚款2000元。各区县城市管理执法机构共出动执法人员74359人次,开展执法巡查32936次,宣传教育200903人次,立案查处235件,共处罚款244710元。其中,渝中区、南岸区、沙坪坝区、涪陵区、巴南区等5个区查处的案件数位居前列。

二、主要做法

(一)精心谋划,周密部署。为保证此次执法行动定位准确、有的放矢,总队在总结2021年生活垃圾分类监管执法专项行动经验做法的基础上,结合2022年全市生活垃圾分类工作重点和《条例》的正式实施,研究制定了全面系统、针对性强、可操作性强的执法行动工作方案。工作方案进一步明确了工作目标、工作重点,优化了工作措施,并组织开展监管执法专题培训,为执法行动落地落实打下坚实基础。各区县城市管理执法机构结合辖区特点制定了相应的实施方案,成立工作专班,将生活垃圾监管执法纳入工作绩效考核,切实提升执法人员的责任感使命感。

(二)强化督导,推动落实。总队以此次执法行动为契机,通过召开调度会议、实地督导调研、定期通报情况等多种方式,推动执法行动目标任务和工作要求落地落实。一是组织召开各区县城市管理执法机构负责人

参加的执法行动指挥调度会议,在全市城市管理执法工作月度调度会上,专题安排部署生活垃圾监管执法工作。二是通过"马路办公"、点验督导、工作调研等形式强化指导监督检查,对部分区县城市管理执法机构执法行动开展情况进行检查、督办。三是认真汇总分析各区县城市管理执法机构每月报送的数据和信息,结合执法行动工作目标和工作重点,梳理总结每月工作成效、存在问题,强调下阶段工作重点和工作要求,及时弥补短板、强化弱项,有力推进执法行动扎实开展。

(三)聚焦重点,提升效能。执法行动期间,各区县城市管理执法机构聚焦生活垃圾分类投放、收集、运输、处理4个重点环节和15类重点违法行为,针对住宅小区、沿街商户、运输车辆等重点部位,切实加强与社区居委会、社区网格员、物业服务公司等的密切联系,进一步完善网格化、系统化监管机制。在开展常态化、全覆盖检查的同时,针对执法巡查中发现的问题,督促责任单位和个人立行立改并加强复查。对多次教育、劝阻仍不履行分类义务、不落实分类措施的责任单位或者个人,对领导关注、市民投诉、社会反映强烈的生活垃圾分类违法违规行为从严予以查处,持续保持生活垃圾监管执法高压态势,不断提升监管执法工作效能。

(四)规范执法,维护稳定。为确保此次执法行动稳步推进,避免出现"过度执法""一刀切"执法等僵硬、机械执法方式引发社会矛盾,总队多次通过调度会议、巡查督导等方式,要求各区县城市管理执法机构认真贯彻执行《城市管理执法行为规范》,全面推行城市管理执法"三项制度",坚持执法全过程记录制度,做到全程留痕、可回溯管理。同时,各区县城市管理执法机构积极贯彻落实首违轻微并及时整改后免于处罚清单制度,做到执法方式适当、措施适当、行为适当。执法行动期间未发生一起执法冲突和负面舆情事件,执法人员大局意识、风险意识、服务意识不断增强。

(五)强化宣传,"靶向"普法。执法行动期间,全市各级城市管理执法机构本着"教育为主、处罚为辅、注重宣传、引导规范"原则,切实加强《条例》的普法宣传。执法人员深入居住小区、学校、机关、企业,针对不同对象重点宣传相关内容,不断增强普法宣传针对性和实效性,促进管理责任单位和个人积极履行生活垃圾分类义务,让群众在潜移默化中学习分类知识,变末端执法为源头治理,为《条例》深入实施奠定坚实的法治基础,为实施生活垃圾分类工作创造了良好的法治环境。

三、下一步工作打算

下一步,总队将深学笃用习近平生态文明思想和习近平总书记关于垃圾分类工作的系列重要指示批示精神,抓重点、补短板、强弱项,持续抓好生活垃圾监管执法工作。一是认真贯彻落实市委、市政府的决策部署和市城市管理局的工作要求,严格执行2022年3月1日起实施的《重庆市生活垃圾管理条例》,将生活垃圾监管执法工作落实落细。二是对标对表目标任务和工作要求,深入查找薄弱环节,找准突破点,优化监管执法举措,充分调动各区县城市管理执法机构主观能动性,层层压实责任,为生活垃圾管理工作提供坚强执法保障。三是进一步强化宣传引导。坚持线上宣传与线下宣传相结合、正面宣传与问题曝光相结合、日常宣传与集中宣传相结合,大力宣传生活垃圾监管执法工作的好经验、好做法,发挥典型示范作用,帮助广大市民群众把垃圾分类意识树立起来、分类习惯培养起来,确保生活垃圾监管执法工作有效落地。四是加大监管执法力度。贯彻落实生活垃圾分类投放、收集、运输、处理全过程监管执法措施,进一步加大源头监管和联合执法力度,严管严控生活垃圾各环节责任主体,持续保持生活垃圾监管执法高压态势,为我市生活垃圾分类工作持续保持西部领先提供坚强有力的执法服务保障。

重庆市城市管理综合行政执法总队

2022年12月29日